藤沢久美
Fujisawa Kumi

最高のリーダーは何もしない

内向型人間が最強のチームをつくる！

ダイヤモンド社

はじめに――内向型リーダーのための導火線

毎週1人ずつ成長企業のリーダーにお会いし、マンツーマンで徹底的にお話を聞く「経営者インタビュー」を始めて、かれこれ15年近くになりました。

大手企業から中小・ベンチャーまで、業種・業界も千差万別。少なく見積もっても、**1000人以上のトップリーダーたちにインタビュー**してきた計算になります。

膨大な数のリーダーたちから、さまざまな学びを得てきた私がいま感じているのは、**求められるリーダーシップが変化している**ということ。

その変化をひと言で表現したのが、「最高のリーダーは何もしない」です。

どういうわけか、いま最前線で活躍している**優秀なリーダーほど、リーダーらしい仕事を何もしていない**ように見えます。

だとすると、これからのリーダーには〝ある種の**発想転換**〟が必要ではないか――。

これが、本書の出発点です。

「世界中のトップリーダー」から「小さな組織のリーダー」までを取材!!

「リーダーの話をもっと聞きたい」という私の思いは、自分自身が1人のリーダーとして歩むなかで自然に生まれてきたものです。

私が最初にリーダーになったのは、20代後半のこと。**「日本初の投資信託評価会社」**を起業し、経営者になりました。小さな所帯ながら1つの会社を切り盛りし、創業から4年後には、同社を世界的格付け会社スタンダード・アンド・プアーズ（S＆P）に売却しました。

業界初の事業に挑戦し、走り続けた4年間で得たものは、計り知れません。

「どんなちっぽけな人間でも、社会を変える存在になれる」――起業を通じて手にしたその実感を、もっと世の中に伝えたいとの思いから、**「シンクタンク・ソフィアバンク」**の設立に参画しました。創業メンバーとして新たな歩みをはじめると同時に、雑誌やテレビの企画を通じて、起業家へのインタビューもはじめました。

そして訪れた1つの転機が、NHK教育テレビ「21世紀ビジネス塾」キャスターへの就任です。全国各地の元気な中小企業を紹介するこの番組では、スタジオでの司会だけではなく、毎週、現場に出向いてさまざまなリーダーを取材する機会もいただきました。

この経験を通じて、私は「小さな企業の現場にこそ日本の未来がある」と確信するようになりました。決して恵まれているとは言えない環境の下、従業員や取引先、地域への責任を全うすることに人生をかけているリーダーたちの言葉に勇気と希望をいただき、「これこそ全国の方々に伝えるべきことだ」と心底思うようになったのです。

NHKのキャスターを終えた私は、さらに「藤沢久美の社長トーク」というネットラジオ番組を立ち上げ、新興市場に上場している企業のリーダー、ユニークなビジネスを立ち上げたリーダーたちをゲストに招き、対話する機会を持つようにしました。

毎週のように異なる分野のリーダーたちと対話する体験は、大いに刺激になります。ビジネスも人生も、それぞれに個性的で、さまざまな仕事と生き方があることを学んできました。

そして、さらに私の視野を広げてくれたのが、「**ダボス会議**」を主宰する世界経済フォーラムから**ヤング・グローバル・リーダー**に選出されたことでした。

それ以来、ビジネス・NGO・アカデミア・政治・文化・スポーツなど、世界の各分野のリーダーたちと交流する機会にも恵まれています。

日本の片隅の小さな企業のリーダーから、世界を動かすグローバル企業のリーダーまで、ありとあらゆるリーダーたちと対話するうちに、気がつくと、「**リーダー観察**」が私のライフワークになっていました。

内向的な人ほど、リーダーになるべき時代

いま起きているリーダーシップの変化について、簡単に触れておきましょう。

リーダーというと、「**即断即決・勇猛・大胆**」「**ついていきたくなるカリスマ性**」「**頼りになるボス猿**」というイメージを持つ方が多いのではないかと思います。

しかし、そうしたリーダー像は、過去のものになりつつあります。

いま最前線で活躍しているリーダーたちは、権限を現場に引き渡し、メンバーたちに支えられることで、組織・チームを勝利へと導いています。**「優秀なリーダーほど『リーダーらしい仕事』を何もしていない」**というのは、まさにそういうことなのです。

そして同時に、**一流のリーダーの多くは、内向的で、心配性で、繊細であるという点でも共通しています**（無論、「ポジティブな意味で」なのですが……）。「社長トーク」の収録の際に、大きなギャップを感じることも増えてきました。社長のもの静かな佇《たたず》まいを見ただけでは、その会社の圧倒的な業績とイメージがつながらないのです。

本書を手にした方のなかには、「自分はリーダーに向いていないのではないか？」「リーダーの仕事を全うできていないのではないか？」という問題意識をお持ちの方もいらっしゃるかもしれません。しかし、**その心配自体が「リーダーとしての素質」になり得る**ということをまずお伝えしておきたいと思います。

あと必要なのは、**発想の転換**だけです。本書をきっかけに〝リーダーらしい仕事〟を手放し、**本当のリーダーの仕事**へと向かっていただきたいと思います。

あらゆるリーダーに効く6つの「発想転換」

この本では「社長トーク」などを通じて私が学んだ「新しいリーダーシップのエッセンス」と、それを身につけるために必要な「**6つの発想転換**」を紹介していきます。

理論やフレームワークを解説した抽象的な本にならないよう、誰もが知る大企業から、ニッチなジャンルで成功を続けている中小企業に至るまで、私が自分の目で見たり、耳で聞いたりした**具体的な事例**をベースにお伝えしていきます。

また、「読んで終わり」ではなく、ビジネスの現場にも活かしていただくため、みなさんの日々の仕事に置き換えたり、重ねたりできるようなエピソードも盛り込むようにしました。

本書で紹介する事例やエピソードは、経営者のものが中心ですが、**中間管理職やプロジェクトリーダー、アルバイトを束ねる店長さんなど、立場や組織形態が違えども、リーダーとして考えるべきことは「1つ」なのだと実感していただけると思います。**

誰よりもまず私自身が、その効果を実感しています。

いま私は、ひょんなことから文部科学省で15名ほどの小さなチームのリーダーをしているのですが、このプロジェクトでも経営者の方々から得た知恵が日々とても役に立っているのです。

「組織やチームが自分の指示どおりに動かない」
「現場に思いが届かなくて、自分が動き回らざるを得ない」
「リーダーになるつもりなんてなかったのに……」

そんなリーダーたちの悩みを乗り越える「発想転換」への道筋を、読者のみなさんと一緒に見つけていきたいと願っています。

では、「最高のリーダーは何もしない」とは、いったいどういうことなのか？

さっそく、これについてお伝えしていきましょう。

最高のリーダーは何もしない

目次

第1の発想転換

「人を動かす」から「人が動く」へ

なぜ優秀なリーダーは「何もしない」のか?

第2の発想転換

「やるべきこと」から「やりたいこと」へ

「魅力的なビジョン」をつくるには？

第3の発想転換

「命令を伝える」から「物語を伝える」へ

人・組織にビジョンを浸透させる

「全員味方」から「全員中立」へ

リーダーは「嫌われない人」を目指せ

傷つきやすい小心者が、優秀なリーダーになる

いいリーダーほど、なかなか本音を言わない
大局を見ているようで、じつは驚くほど細かい
リーダーの行動力は「マメさ」から生まれる
トップリーダーたちは、繊細さと大胆さを併せ持つ
成長するリーダーは、なぜ「傷つきやすい」のか?

第5の発想転換

「チームの最前線」から「チームの最後尾」へ

「任せて見守る」チームマネジメント

「手をかける」から「目をかける」へ

ホウレンソウ禁止で「自ら動くチーム」をつくる

「部長は仕事をするなよ」の真意

メンバーの現場力は「プライベート」で培われる

マニュアルには「余白」があったほうがいい

なぜノルマがないのに、成長を続けられるのか?

第1の発想転換

「人を動かす」から「人が動く」へ

なぜ優秀なリーダーは「何もしない」のか？

最高の リーダーは「指示」しない

「何もしないリーダーシップ」が浸透している職場

何人かと一緒に、ある居酒屋で食事をしていたときのことです。

注文したものはほとんど食べ終えていたのですが、炭火焼の地鶏が食べきれず少し残ってしまいました。

そこに若い女性の店員さんがやってきて、こう言いました。

「こちら、別の味に変えてお持ちしましょうか？」

半信半疑ながらお願いしてみると、ポン酢で和《あ》えられた地鶏の炭火焼が、小鉢に盛りつけられて運ばれてきます。これがとてもさっぱりとしておいしくて、あっと言うまに平らげてしまいました。

再びやってきた店員さんに「おいしかったです！」と告げると、今度は、先ほど下げた炭火焼の鉄板に何かを盛りつけて運んできてくれました。

「鉄板に残っていた鶏の脂でつくったガーリックチャーハンです」

こちらもいただいてみると、たしかにおいしい。

しかも、どちらも無料のサービスなのです。

「社員さんですか？」――あまりに見事な対応に感動して、こちらが思わず尋ねると、なんと彼女はアルバイトだとのこと。「ウチって、ヘンなお店なんです……」――照れ臭そうに笑ってから彼女は言いました。

「生産者さんに感謝しながら働いているので、お客様にはなるべく残さず食べていただきたいんです」

そのあともいろいろとお話を聞いてわかったのですが、このアルバイトさんの対応は、**マニュアルや店長からの指示に基づいたものではなく、お客様の表情や注文状況を見ながら、彼女の判断で自由にやっていること**なのだとか……。

そして、最後に確認したのが、お店を経営している会社の名前。

「エー・ピーカンパニー」という会社でした。

最も大切な仕事は「目的」をつくること

株式会社**エー・ピーカンパニー**（本社 東京都）は、「塚田農場」「四十八漁場」などの居酒屋チェーンを全国に展開する会社です。偶然にもその数カ月前、同社の創業者で代表取締役社長の**米山久**さんには、「社長トーク」に出演いただいていました。

アルバイトの女性から「エー・ピーカンパニー」の名前を聞いたとき、私は「なるほど！」と思わず膝を打ちました。彼女の振る舞いや「生産者さんに感謝しながら働いている」といった言葉が、米山さんから伺っていたお話と、見事に符合していたからです。

エー・ピーカンパニーの特徴は、食品の生産（一次産業）から流通・加工（二次産業）、販売（三次産業）までを一貫して手がけるビジネスモデルにあります。同社ではこれを「生販直結モデル」「六次産業化」などと呼んでいます。

宮崎県の地鶏農家さんと出会った米山さんが、「日本の食文化を支える生産者さんたちのために、自分にできることは何か？」と自問自答するなかから、このビジネスモデルは生まれました。

実際、「一次産業の方々の生活をもっとよくしたい」「後継者に困らない環境をつくりたい」「地方の活性化を目指したい」という米山さんの思いが、お店の隅々にまで行きわたっています。

エー・ピーカンパニーには、本書が主題とするリーダーシップの典型を見てとることができます。

現場で働く人たちの「マニュアルに収まりきらないアクション」の根本にあるのは、米山さんというリーダーが打ち出した「**ビジョン**」です。ビジョンとは、ひと言で言えば「働く目的」です。ビジョンがそれぞれのメンバーに浸透しているからこそ、それが現場での行動となって現れる。

リーダーの最も大切な仕事は、ビジョンをつくり、それをメンバーに浸透させることなのです。

リーダーのビジョンは「マニュアル」を超える

同社では、実際の生産現場を見学した社員が、アルバイトの方々に現場を疑似体験させる研修を行っています。

もちろんこれは、「一次産業の方々の現状を知り、何ができるか考えてほしい」という米山さんの思いをメンバーに伝えるためです。

たとえば、養鶏場で生まれたかわいらしいヒヨコが次第に成長して鶏になり、屠殺されて解体される――そんな過程をすべて見てもらうといいます。

ショックを受けるスタッフもいるそうですが、鶏たちの命を自分たちがいただいていること、そして鶏を精魂込めて育ててくれている養鶏農家の方々の仕事ぶりを知ることで、スタッフたちは大切な気づきを得ます。

生産・流通・販売までのプロセスをしっかりと認識した途端、社員やアルバイトたちは、こう考えるようになります。

「生産者の方々の努力や鶏の命を無駄にしたくない」

「それには、お客様に全部残さずおいしく食べてもらわないと……」

もちろんエー・ピーカンパニーの居酒屋にも最低限のマニュアルは存在するでしょう。しかし、**より深いところで、社員やアルバイトたちを突き動かしているのは、リーダーが伝えたビジョン**なのです。

なぜ「指示しない職場」で業績が上がっているのか？

特筆すべきは、リーダーとしての米山さんの究極の仕事が「ビジョンの共有」だということです。

「お客様に残さずに食べきっていただくためにどうすればいいか？」について、**何か**

具体的な指示があるわけではなく、そこは各メンバーに委ねられています。

事実、「塚田農場」の各店舗には、自由予算枠が与えられています。その範囲内であれば、現場の判断でさまざまなサービスを提供できるのです。

具体的なアクションは、現場のスタッフによって異なりますが、それぞれが根本に持っている目的は同じです。

「お客様に満足してもらって、リピーターになってもらえれば、原材料を安定的に仕入れることができる。そうすれば生産者さんたちの生活も安定する」――そんな同じ目的に基づいたストーリーが見えているからこそ、細かなマニュアルで指示されなくても、メンバーそれぞれが自発的にお客様の満足度を高めようと工夫できるのです。

これが実際の業績にもつながっており、同社のリピート率は居酒屋業界平均の倍以上だというから驚きです。まさに、ビジョンを共有した現場の工夫がなせる技だと言えるでしょう。

「動き回るリーダー」から「静かなるリーダー」へ

従来のリーダーシップは「遅すぎる」

本書がお伝えしようとしている新しいリーダーの典型的なあり方として、エー・ピーカンパニーの事例を紹介させていただきました。

ここで、**なぜこうしたリーダーシップが生まれてきているのかを**、社会の変化と合わせて整理しておきましょう。

21世紀にかけて急速に進んだ情報通信革命が、ビジネスのあり方を大きく変えました。かつては、一定の枠組みの下で、ゆっくりと小さな改善をしながら仕事をしていれば、会社や組織は安泰でした。むしろ、ルールやマニュアルからはみ出ようとするメンバーがいないか注意しながらチームを統率する、軍隊の隊長のようなリーダーシップが求められていたのです。

しかし、いまではこうしたリーダーシップはうまく機能しません。従来の「強いリーダーシップ」が機能不全に陥った原因は、**大きく2つ**あります。

1つは、**消費者の価値観やニーズの多様化**です。インターネットをはじめとした情報通信の発展によって、かつて知りようがなかった「小さな価値観・ニーズ」が顕在化し、それがダイレクトに企業や組織に伝わるようになりました。

同時に、モノやサービスが充実したことで、量から質へ、「納得できる価値があるもの」へと人々の嗜好《しこう》が移ってきました。大量生産された商品や画一的なサービスではなく、精神的充足が得られる商品、特別感のあるサービスを求める傾向が強くなってきたのです。

もう1つは、**変化のスピード**です。各人の嗜好が多様であるだけでなく、その嗜好自体が大変なスピードで移ろいます。「先週喜ばれたものが、今週には陳腐化している」ということも起こる時代になりました。

こうした状況下で、リーダーが自社の商品・サービスのすべてを把握し、それぞれに対して意思決定をしていくのは不可能です。

また、現場がマニュアルだけに頼っていたり、個別のケースごとにリーダーの指示を仰いだりしていると、柔軟かつ素早い対応ができずに、お客様のニーズとのあいだにズレが生じることになります。

つまり、**従来のトップダウン型リーダーシップ**だけでは**「遅すぎる」**のです。めまぐるしく移り変わる複雑なニーズに対応していくには、現場にいるメンバーたちが自律的に動き、個別に対応するほかありません。

理想的なリーダーは「2つのスタイル」を併せ持つ

そして、それを実現するための最適解が、「働く目的」をメンバー全員に明確に伝えていく**ビジョン型リーダーシップ**です。これからのリーダーの仕事は、ビジョンをつくることであり、それをメンバーに浸透させることなのです。

ですから、その先の具体的なアクションは、メンバー個人に委ねることになります。現場に命令を出したり、メンバーの動きを細かく管理したりするといった「管理職的な口出し」は、もはや不要になりつつあります。

しかし、経営者ならまだしも、現場のリーダーをしていると、現場が見えるがゆえに、細かな指示を出したくなるものです。メンバーと同じ目線で動きすぎて、忙しくなってしまっているリーダーも散見されます。

「命令や指示をしないなんて、現場のプレイングマネジャーには無理ですよ！」という反論も聞こえてきそうですが、そこは程度の問題です。まったく指示をしないという選択肢はないかもしれませんが、日ごろの指示を、一度冷静に見つめ直してみると、言わなくてもよかったことや、メンバーの自主性を阻害しているものが見えてくるはずです。

リーダー（Leader）とは、「リード（Lead）する人」ですから、私たちはどうしても「みんなを力強く引っぱっていく役割」をイメージしがちです。しかし、そうではないリードの仕方もあるのです。かつてのように、昇級・昇進やその他の信賞必罰によってメンバーの行動を制限していくのではなく、メンバーがワクワクして自ら動き出すような目的を提示し、現場に任せるのが新しいリーダーシップのかたちです。

もちろん、組織やチームが危機に直面し、メンバーが右往左往している局面では、全権を担って矢面《やおもて》に立ち、時には剛腕をふるって組織を守り、時には敵をつくりながらも力強くチームを牽引《けんいん》していく、そんなリーダーが求められます。

たとえば大災害のときには、強烈なリーダーがいて初めて多くの人の命が救われるということを、多くの日本人が実感したと思います。

つまり、**カリスマ型リーダーを全否定し、ビジョン型リーダーだけを肯定したいわけではありません。**

「強いリーダーシップを発揮できる素地を持ちながらも、平時にはビジョン型に徹する」というように、状況に応じて両方のリーダーシップを使い分けられる人こそが、理想的なリーダーです。

仕事に徹するほど、「何もしていない」ように見える

とはいえ、「社長トーク」に出演していただいた経営者の方々を見ていても、いまは「人をついてこさせる」とか「メンバーを使う」といった、ある種の「上から目線」を連想させるような言葉遣いをする人はまずいません。

「先頭に立ってグイグイとみんなを引っ張っていく」というよりも、「そこに座って思いを伝えているうちに、みんなが自然と動いてくれている」というイメージのリーダーが多いのです。

ビジョンに基づいてメンバーが自律的に動くチームをつくれれば、リーダーは現場への指示に時間を奪われなくなります。そこで生まれた時間を使って広く世の中を観察し、次なる展開を考え、変化に備える——こうした好循環を生み出し、メンバーとともに成長する組織をつくることこそが、これからのリーダーの仕事です。


組織やチームの誰よりも静かに考え続けること。

未来を見つめ続けること。

そんな**「本来の仕事」にリーダーが徹すれば徹するほど、その姿は「何もしていない」ように見える**のです。

「型を教え込む」から「思いを伝えきる」へ

「命令を遂行する部隊」から「自分で判断する仲間」へ

ここで、現場に求められる対応スピードが上がっている事例を紹介しましょう。

ありとあらゆるものにセンサーや通信デバイスが搭載され、モノ同士が情報交換をするＩｏＴ（Internet of Things――モノのインターネット）というトレンドが最近話題になっています。

この動きは、ドイツが数年前に「インダストリー4・0」という国家プロジェクトを掲げ、ものづくりの分業体制や産業構造にITを取り入れた革新を起こそうとしたことからはじまりました。

その結果、個別対応の商品を量産品並みのスピードとコストで生産するのがあたり前になりつつあります。素材メーカーでさえも、最終顧客の嗜好をいち早く捉えて開発していかなくては、市場のスピードについていけないと言われるほどです。

そんな変化の真っただ中にあるヨーロッパの製造業の方から聞いた話です。

イギリスのある補聴器メーカーでは、オーダーメイドの補聴器を量産型のものと同程度のスピードと価格で製造・販売する取り組みをはじめました。具体的には、各店舗に設置された3Dスキャナを使って顧客の耳の形状を測定し、ぴったりとフィットする補聴器を3Dプリンタで数分のうちにつくってしまうのだそうです。

これまでは、既製品の形状が耳に合わず不便な思いをしていた人も多かったのですが、技術の進歩によって、そんな顧客の悩みが解決されると同時に、スピードと価格の壁も崩されていったという事例です。

しかし、このサービスで注目すべきは、じつはテクノロジーではなく人です。というのも、耳の形状を測る計測担当者のこだわり度が、製品の質を大きく左右するからです。

つまり、計測担当者がこの仕事にどれほど真剣に取り組み、顧客を思うかにかかっているのです。

サービスものづくりも、ますます個別対応が必要とされるようになってきたいま、それに対応する人・組織の質的向上が求められています。

リーダーの指示やマニュアルに従って忠実に動く人ではなく、**リーダーの「ビジョン」に基づき、自ら考え行動できるメンバーが、仕事の成否を左右する時代**に入ったのです。

これまでは、みんな同じように仕事ができるよう、組織独自の「型」を身につけさせるのがリーダーの仕事でした。「これさえ覚えておけば、どんな人でもある程度までならば結果を出せる」という水準に育成すれば、なんとかなる環境だったわけです。

しかし、消費者のニーズが1分1秒で変わっていくような世界では、新たな課題を自分で発見し、その解決策を自ら考え、実行できる人材を育てる必要があります。リーダーが個別のニーズや方法論について、1つずつ部下に教えていては間に合わないのです。

リーダーの年齢は問われなくなる

ビジョン型リーダーシップを取り入れているのは、製造業や小売業だけではありません。

極端な言い方をすれば、どんなビジネスであろうと、ビジョン型のリーダーシップを取り入れていかなければ、時代に置いていかれかねないのです。

たとえば、金融機関。アメリカのある大学の研究には、「これから15年後には、現在ある仕事の50%がコンピュータに置き換わっている」という予測があります。そのなかには、金融機関の業務、税理士、会計士の業務なども含まれています。

何も対応しないでいれば、日本の金融機関であろうと、15年もしないうちに経営危機に直面するかもしれません。

ITがさらに発展し、人工知能（AI）が進歩すれば、資金決済や財務審査、会計・税務処理などは、コンピュータがすべてやってくれるようになります。簡単な問い合わせや窓口業務も、AIを搭載したロボットの自動応答でかなり対応できるようになるでしょう。また、これから顧客となる若者たちは、ほぼ100％スマホ世代ですから、ウェブ上で完結するサービスを求めてくるはずです。

そうした環境下で、金融機関は未来に向けて、どんな事業展開を仕掛けていくべきなのか？――これを考えるのが喫緊の課題です。

しかし、金融機関の経営陣のなかに、スマホを使いこなしたり、ITに通じていたりする人はどれほどいるでしょうか？　あまりいないと思います。これからの事業を考えるにあたっては、スマホ世代に近い人たちに新たな金融業を牽引してもらうのがいちばんです。

リーダーたちは、未来の大きな流れを現場に指し示したら、あとは次の世代を担う若者たちに具体的な未来像を描いてもらう勇気が必要なのです。

時代の大きな変化は、過去の常識にとらわれない若い世代へと、リーダーの年齢を引き下げていくことになるでしょう。年齢に関係なくリーダーとして活躍してもらうためにも、ビジョンの大切さを知っておくことが重要です。

「何もしないリーダー」は2つの能力を備えている

だからと言って、現場にすべてを任せればいいかというと、そうではありません。メンバーが個別の判断を下す際のよりどころ――すなわちビジョンを伝えるのは、ほかの誰でもなくリーダーの仕事です。

したがって、リーダーには次の2つの能力が求められます。

① メンバーが共感して自ら動きたくなる、魅力的なビジョンをつくる力
② ビジョンをメンバーにしっかりと伝えて浸透させる力

ビジョンとは「リーダーが実現したいこと」だと言い換えてもいいでしょう。しかし、「実現したいこと」であれば何でもいいかというと、そういうわけではありません。やはり「何を実現したいのか」によって、人が動きたくなるかどうかは大きく変わってきます。

一方で、どんなにすばらしいビジョンをつくっても、それがメンバーに伝わっていなければ、ただの「きれいごと」「お題目」で終わってしまいます。

優秀なリーダーほど、ビジョン策定に費やしたのと同じ、またはそれ以上の情熱を持って、「どうすればこの思いをメンバーにわかってもらえるだろうか」「どうすればこのビジョンが腑《ふ》に落ちて、自分から動きたくなってくれるだろうか」に知恵を絞っています。

「なんとなく働いている人」をもっと幸せにする役割

ビジョンをつくるということは、組織・チームに所属する**メンバーたちの仕事を「定義」することだとも言えるでしょう**。つまり、「何のために働いているのか？」を考えるための土台を、メンバーそれぞれに用意するのです。

「リーダーが〝働く意味〟まで用意するなんて……押しつけがましくないかな？」と思われるかもしれません。

しかし、考えてみてください。

どれくらいの人が明確な目的意識を持って働いているでしょうか？ ほとんどの人は「仕事で実現したいこと」についてはっきりとしたイメージを持っているわけではありません。「なんとなく」とか「ちょっとしたご縁で」いまの会社で働くことになったという人もいるでしょう。

働く人たちは、「この会社は『生産者の人たちの暮らしをよくする会社』であり、あなたの役割は仕事を通じてそれを実現することだ」といったストーリーを必要としています。

ビジョンが指し示す「仕事の目的」に共感できれば、それを実現する喜びを味わうために、人は誰かに指図されなくても、自らの腕を磨きはじめます。そして、働く1人ひとりが、自らの成長を喜べるようになれば、それはまさに最高の職場と言えるでしょう。

世界のリーダーが「原点回帰」している

危機に直面したリーダーが「変えたこと」と「変えなかったこと」

松阪牛や黒毛和牛で有名な株式会社**柿安本店**（本社 三重県桑名市）は、1871（明治4）年創業という老舗《しにせ》企業です。精肉の販売を基幹事業の1つとしてきた同社は、この20年間のうちに2度の危機に見舞われました。

1度目は、BSE（牛海綿状脳症）、いわゆる狂牛病が問題になったとき。牛肉がパタリと売れなくなりました。

同業者みんなが「大変だ！」と焦るなか、同社は「ピンチをチャンスに」の発想で、牛肉ではなくサラダを中核にした新たなビジネスモデルをつくり、積極的に出店することで黒字にしました。当時、創業の地の精肉店本店で、実験的に販売していたサラダがお客様に好評だったため、それを一気にメインに据えるという大胆な決断をしたのです。

2度目の危機は、東日本大震災でした。原発事故による放射能汚染が稲わらに広がり、それを餌にする高級牛の買い控えが起きたのです。高級牛を主力商品とする柿安本店にとっては大打撃でした。

しかし、ここでも同社は、後ろ向きになることなく、いち早く被害対策を講じました。「いまは、サラダを扱う惣菜事業や、牛肉を扱わないレストラン事業などをブラッシュアップするときだ」と方針を定め、ショッピングセンターを中心に和菓子店を一気に出店するなど、店舗開発にも積極的に打って出たのです。

このようにして同社は、本来なら赤字になってもおかしくない2度の危機を黒字で乗り越えました。

それにしても、惣菜や和菓子などの事業を展開し、多角化経営に舵を切ることに葛藤はなかったのでしょうか？　そして、**なぜ従業員たちは、リーダーが下したこれらの決断についてくることができたのでしょうか？**——それがまず私に浮かんだ疑問でした。

創業から140年以上を経ている同社には、「伝統と革新」という言葉があります。伝統とは当然、明治4年から受け継がれてきた暖簾《のれん》に込められた歴史であり、革新とは、つねに新しいことに挑戦しようという未来に対する姿勢です。

柿安の6代目代表取締役社長である**赤塚保正**さんは、先代から社長を引き継ぐときに、こんなことを言われたそうです。

「これだけ世の中の変化が激しい時代なのだから、変えたいことはすべて変えればいい。**ただし、1つだけ絶対に変えてはいけないものがある。それは柿安の経営理念だ**」

同社の経営理念は、「おいしいものをお値打ちに提供する」。ここには「牛肉」と書かれてはいません。牛肉以外のものだとしても、お客様がおいしいと思ってくれるものをお値打ちに提供できていれば、理念を実践していることになります。

赤塚さんが大胆な決断を現場の人たちに伝えるときには、それが理念に沿っているかをつねに意識してきました。

危機が起きたときも、「決して人員削減はしない」とまず宣言したうえで、新たなビジネス展開について説明したそうです。

赤塚さんは、日ごろから365日ほぼ毎日、どこかの現場に足を運び、従業員たちと対話する時間を持つようにしています。赤塚さんが思いを語るだけではなく、従業員たちの声にも真摯《しんし》に耳を傾けることを大切にしています。

ふだんから言葉のやりとりを繰り返してきたからこそ、従業員たちはトップの決断を信じて受け止めることができたのでしょう。こうして、多角化経営という大きな転換に際しても、従業員たちは気持ちを1つにして挑戦し、成功を手繰《たぐ》り寄せる結果となったのです。

次世代リーダーシップは「伝統ある同族企業」に学べ

柿安本店の例が興味深いのは、明治時代に創業された老舗の同族企業が、140年以上経ったいまも、ビジョン型のリーダーシップを実践しているという点です。

日本はいわゆる「100年企業」（創業100年以上の長寿企業）が世界で最も多い国だと言われています。こうした会社が企業哲学や経営理念を大切にしているということは、さまざまな調査や研究で明らかになっているとおりです。

経営理念というのは、「働く目的」としてのビジョンとほぼ同義だと考えていいでしょう。一方、企業哲学は、目的に向かって働くときのベースとなる心得であり、行動のための指針です。つまり、理念やビジョンが時代に応じて変化することもある一方、哲学は不変です。

しかしながら、哲学やビジョンが、額縁に入った「お題目」であっては意味がありません。これを現場に浸透させることに成功した企業だけが、「100年企業」となる資格を得るのです。

会社が100年を超える歴史を持つということは、当然のことながら、その経営者が何度か交代しているということを意味します。リーダーが変わっても企業が続いているということは、哲学や理念が一時的に浸透しているだけでなく、**世代を超えて継承されているということ**にほかなりません。

ビジョンの継承という問題を考える場合、やはり同族経営だからこその強みはあります。寝食を共にする血族同士だから、言葉を超えた価値観を共有できる。つまり、哲学や理念が世代を超えて受け継がれやすい環境にあるのです。

柿安と同じく三重にある、赤福餅の老舗・株式会社**赤福**（本社 三重県伊勢市）でも、「赤福の社長の役割は、次の世代に伝統をつなぐことだ」と代々言い伝えられているそうです。日々の生活のなかであたり前のように、過去から預かった伝統を未来へ受け渡していけるのは、まさに同じ家族だからかもしれません。

では、同族企業でなければ、ビジョン型リーダーシップは実現できないものなのでしょうか？

なぜ「日本型リーダー」がアメリカで再評価されるのか？

国内では何かと批判の対象になりがちな**日本型経営**ですが、海外では、世界最多の「100年企業」を生み出してきた経営のあり方として再評価されつつあるようです。

次の一節はハーバード・ビジネス・スクール教授の竹内弘高さんと一橋大学名誉教授の野中郁次郎さんが書いた「賢慮のリーダー――『実践知』を身につけよ」という論文からの引用です。

「日本企業は資本主義化が不十分だと批判されることが多かった。いわく、投資家へのリターンが十分でない、短期的な株主価値を最大化しない、機動的なオフショアリングを行わない、社員を解雇してコスト削減しない、経営トップのインセンティブとなる報酬を支払わない……。

だがその一方で、日本企業に対する根強い信頼がある。いわく、優れた日本企業は社会と共生している。社会目的を持って利益を上げている。日常的に共通善を『生き方』として追求している。道徳的な目的を持って事業をしている。（中略）こうした日本企業の理解は、これからの経営の理論と実践に影響するだろう。（中略）企業と社会を対立させる古い資本主義とは対照的に、優れた日本企業は、リーダーが社会的目的を持ち続ける限り、資本主義に対する新しい共同体的アプローチの見本となるに違いない」（『DIAMONDハーバード・ビジネス・レビュー』2011年9月号）

いくつもの日本企業の例を引き合いに出しながら、リーダーシップの新たなかたちを打ち出したこの論文は、アメリカでも話題になりました。

ハーバード大学などが日本型経営に魅力を感じている理由の1つは、リーマンショックです。

短期的に高い収益を求める効率的経営をよしとしてきた企業の多くが、金融危機とともに廃業を余儀なくされました。効率こそが経営の要諦と信じてきた経営者たちが、この現実を目の当たりにし、「企業の持続性」を意識するようになったのです。

リーマンショック以降、世界のトップリーダーが集まる**ダボス会議**（世界経済フォーラム年次総会）でも、企業の持続可能性に関するセッションが設けられるようになりました。同様の問題意識から、哲学者や宗教者も会議に招かれ、経営者との対話の場が用意されています。

私もダボス会議で、世界のトップ経営者たちが**東大寺**の**北河原**《きたかわら》**公敬**《こうけい》長老と対話する席にご一緒したことがあります。

「戦わずに経営を続けるにはどうすればいいか？」「持続する企業になるために、2000年続く仏教から学べることは？」など、世界のトップリーダーたちが、日本型経営に通じる哲学を求め、真剣な眼差しで質問している姿がとても印象的でした。

トヨタが復活し、シャープが凋落する理由

日本型経営やビジョン型リーダーシップを考えるうえで、象徴的な事例としてわかりやすいのは、**トヨタ自動車やパナソニックのような会社と、シャープやソニーとい**

った会社との比較でしょう。

いずれの会社にも危機はありましたが、トヨタやパナソニックが度重なるピンチをくぐり抜けて復活を遂げているのは、両社ともに、確固たる哲学に支えられたビジョンが継承されているからではないでしょうか。

いまトヨタは、豊田家出身の**豊田章男**さんが代表取締役社長（第11代社長）をしていますし、絶対的な存在として、その父である**豊田章一郎**さんがいらっしゃいます。トヨタとして何を大切にするべきなのかが、現在に至るまで脈々と受け継がれているように思います。

また、パナソニックは、松下家との関わりは薄くなったものの、ＰＨＰ研究所などに松下幸之助さんの精神が受け継がれていますし、幸之助さんから直接薫陶《くんとう》を受けた人がご存命で、その哲学やビジョンの継承に大きな影響力を持っているように思います。ものづくりの大切さや働くことの意味、利益は社会に貢献した証であること、また、その利益は「さらに事業を拡大せよ」と社会から委託されたお金であるといった考え方が、同社にはまだ残っているのではないでしょうか。

一方、シャープやソニーでは、創業時の哲学とそれに基づくビジョンが、ある時期から途絶えてしまった感があります。企業の哲学とはかけ離れた目的を掲げるリーダーが登場したことで、組織を支える「根っこ」がなくなってしまい、従業員たちが依って立つところを見失ってしまったように見えます。

哲学やビジョンは時に軽視されることがありますが、企業の持続性や世代交代の局面では、決定的な差を生み出します。**凋落《ちょうらく》を嘆かれる会社では、なんらかの理由で哲学やそれに基づくビジョンの継承がうまくいっていない**ケースが多いのではないでしょうか。

では、そもそもビジョンを生み出すには、何が必要なのでしょうか？

次の章では、メンバーたちが自ら動きたくなるようなビジョンを生み出したリーダーたちの特徴を紹介します。

第2の発想転換

「やるべきこと」から「やりたいこと」へ

「魅力的なビジョン」をつくるには?

「実現したいこと」が決まっている必要はない

ビジョンは「あとからつくる」もの

さて、いかにしてビジョンを生み出すかを考えるうえで、まずは、最もビジョンを必要とする企業リーダーたちの例を紹介しましょう。

「企業のリーダー」とひと口に言っても、そうなるまでのプロセスはさまざまです。

① 実現したいことがあって起業した

② サラリーマンとして働いて、経営者に抜擢された

③ 親が経営者であり、後継者として社長になった

起業家ならば、当然ながら起業の目的があり、それ自体がビジョンということになりますが、経営者のすべてが起業家というわけではありません。

②のように、組織で働いているうちに会社のリーダーに抜擢されたというケースも多いでしょうし、③のように、実家や親戚が経営する会社を継ぐことになったという社長も少なくありません。

ですから、**ほとんどの経営者は、最初からビジョンがあって企業リーダーになったわけではない**のです。むしろ、経営者という役割を担い、組織を率いる責任を負うなかで、ビジョンの重要性に気づいていくというほうが正しいかもしれません。

そういう意味では、「ビジョン型リーダーシップの時代がやってきた」などと言っても、それぞれの人がビジョンを〝つくる〟ところから、まずはスタートしなくてはならないのです。

では、組織・チームが向かうべき方向を指し示すビジョンは、どうやって生み出せばいいのでしょうか？　「社長トーク」でインタビューした経営者たちのお話から、それぞれの持つビジョンを見ていきましょう。

生き方とビジョンを一致させる
――起業家の場合

まずは、起業家のビジョンです。

「レストランひらまつ」をはじめとした多数のレストランを展開する株式会社**ひらまつ**（本社 東京都）の代表取締役社長・**平松博利**さんは、いまも厨房に立つシェフでありながら、ミシュランの星を持つレストランを数多く経営するリーダーでもあります。

その平松さんが大切にしているのが、「**いま目の前にいる人を幸せにすること**」。これを社員たちは「ひらまつイズム」と呼んでいます。

1982年に奥様と2人でレストランを開業して以来、平松さんは「いま目の前にいる人を幸せにすること」を大切にしてきました。それは、料理を食べにきてくださったお客様だったり、一緒にレストランを切り盛りしてくれている奥様だったり、一緒に働くことになった従業員だったり……。とにかく、いま目の前にいる人を幸せにすることをいつも考え続けていたら、700名以上の社員を抱える大企業に成長していたのだと、平松さんは言います。

平松さんは、ビジョンを「語る」だけでなく、それを自ら「実践」し続けているリーダーです。「いま目の前にいる人を幸せにする」というのは、頭で考えて出てきたものではなく、ご自身の「生き方」そのものなのです。

ですから、社員1人ひとりをいつもよく見て、それぞれの健康管理から、どんな声かけを必要としているのかに至るまで、つねに心と時間を使って考え続けています。

「ウチに入った以上、社員には幸せになってもらいたい。料理人になれば、1日も早く一人前の料理人になりたいと思うから、そういう環境を用意する。一人前になれば、シェフになりたいと思うから、1軒の店を用意する。シェフになったら、今度は少しずつ豊かになっていきたいと思うから、そのための方法を教える。『こうやって1軒の店で利益を出していけば、きみの給料も上がっていくんじゃないかな』という話をしながらね。
そのときそのときで、その人の幸せ感は違うだろうし、目標も違う。それをわかったうえで指導をしていくのがとても大切です。どっちにしても、目の前にいる人を幸せにするということが僕の最大の生き方ですね」

ビジョンがリーダーその人の生き方であるというのは、まさに起業家リーダーの特徴だと言えるでしょう。

組織の哲学を「翻訳」する
——サラリーマン社長の場合

会社員として出世して社長になった方は、生き方そのものをビジョンにするわけにはいかないかもしれません。

しかし入社以来、意識的にしろ無意識的にしろ、会社の哲学のようなものを先輩から学んでいるのではないでしょうか。そして、その哲学を基にしたビジョンや経営計画に共感したり、疑問を感じたりしながら歩んできているはずです。いよいよ自分がリーダーになったときには、会社の哲学を根底に置きながら、理想とするビジョンを自らの感性に従って提示していくことになります。

しかし、大きな組織になれば、経営者が1人でビジョンを決めるということはまずありません。経営企画部が中心になってビジョンを取りまとめる会社もあれば、社内でメンバーを集めてプロジェクトチームを立ち上げたり、アイデアを募って社内コンテストで選んだりと、さまざまな取り組みがなされています。

こうした**社員参加型のビジョンづくりは、メンバーがビジョンを「自分ごと化」するいい機会**になります。

ここで問題が起きる場合もあるでしょう。たとえば、社員たちの声を集めてみると、経営者の考える方向性とはまったく異なるアイデアばかりが出てくるといったことです。リーダーにとっては痛恨の極み。それまでの自分のメッセージがメンバーに届いていなかった証拠です。

またこれは、リーダー・メンバー間のコミュニケーションを見直すべきだというサインでもあります。これまでの伝え方では伝わっていなかったのですから、トップリーダーの代わりにビジョンを伝える「中間リーダー」への伝達も含めて、もう一度考え直す必要があります。

その意味では、リーダーに着任したばかりときは、メンバー参加型のビジョンづくりではなく、まず自らの考えに基づいたビジョンを提示するのがいいでしょう。メンバーたちとのコミュニケーションがある程度進んで、次の節目に差しかかるころに、改めて現場からアイデアを募るのです。

ある意味でこれは、リーダーの言葉がどれくらい現場に届いていたかのテストにもなります。リーダーにとって厳しい結果が出るかもしれませんが、軌道修正のための貴重なチャンスとして前向きにとらえるようにしましょう。

既存の土台に「新しい柱」を加える——後継者の場合

家族経営などの後継者の場合、老舗企業になればなるほど、創業時から伝えられている哲学やミッション（使命）を大切にしています。しかし、ビジョンは時代とともに変わる目標のようなものですから、先代から代表権を引き継いだ時点で、新たにビジョンを考え直すリーダーが多いようです。

グローバル化が進み、これまでのやり方が通用しない企業・業界が、あちらこちらで見られるようになりました。これまでの事業を基礎にしながらも、次なるビジネス領域を開拓し、両者を包括するような新ビジョンを掲げる後継者さんが各方面で出てきています。

たとえば、株式会社**ありがとうサービス**（本社 愛媛県今治市）は、創業当時はミシン販売からスタートしていますが、2代目の父の代にデパート経営へと事業を展開しました。さらに、3代目の代表取締役社長である**井本雅之**さんは、大きな社会の変化に合わせて、飲食事業とリユース事業へと経営の舵を切り、すべての人に感謝する思いを忘れないようにと、社名も「ありがとうサービス」に変更しました。

サラリーマン経営者の場合も、前任者がつくり上げたさまざまな価値観や習慣・体験が、メンバーの行動原理を支配していたりと、目に見えない「壁」がありますが、ファミリー企業や老舗企業の場合であれば、その壁はなおさら高く、容易に変えられるものではありません。

しかし、いまはその大きなチャンスであり、試練のときです。社会の常識が大きく変わっているこの時代にリーダーになった人たちは、これから100年先のビジョンを描く役割を担っているのだと覚悟したほうがいいでしょう。

そして、そのリーダーを支える立場にある人たちには、次の100年をリーダーとともにデザインする責任をぜひ楽しんでいただきたいと思います。

ただ、ここで改めてお伝えしておきたいのは、過去の全否定の上に新しいビジョンを描くのではないということです。過去に大切にしてきた哲学はもとより、技術がいかにして磨かれ、お客様がなぜ自社を支持してくださったのかなど、過去の財産の奥にある不変的なものを見出し、その土台の上に新しいビジョンをつくっていただきたいのです。

一流のリーダーは「直感」で決断している

どれだけ相談・調査しても、最後はリーダーの直感

さて、ではリーダーは、いかにして次に進む道を決めているのでしょうか？
それを知ることができるエピソードを1つご紹介しましょう。
数年前、ダボス会議ヤング・グローバル・リーダーの仲間たちとヨルダンで開催さ

れた中東会議に参加した際、**日産自動車**社長の**カルロス・ゴーン**さんが、「Meet the Leader」という私たちのワークショップのゲストに来てくださいました。

ゴーンさんのお話を聞いたあと、私たちがいろんな質問を投げかけたのですが、メンバーの1人だったある国の王子が、こんな質問をしました。

「私は将来、国王になり、さまざまな意思決定に関わることになるので、リーダーとしての決断について伺わせてください。ゴーンさんは『日産はこれから電気自動車の開発を行う』と決めたそうですが、どうやって電気自動車のマーケットがあるという確信を得て、決断をされたのでしょうか？」

ゴーンさんの答えは、ただひと言でした。

「直感です」——みんなが唖然とするなか、ゴーンさんは言葉を続けました。

「まだ世の中にないもの、これから新たにつくるものが売れるかどうかなんて、調査のしようがないでしょう？」

それ以来、私は「社長トーク」で、リーダーの決断についても意識して聞くようにしています。ゴーンさんは典型的なカリスマ型リーダーのイメージがありますが、じつはタイプに関係なく、**ほとんどの社長さんが自分の決断の理由について「直感」と答えます。**

もう1人、会社の大きな意思決定について伺った際に、「直感」と答えてくださった方をご紹介しましょう。

社会課題をクラウドサービスで解決する企業、株式会社**スマートバリュー**（本社大阪市）は、もともと自動車整備の町工場だったのですが、まだ携帯電話もない時代に、企業向け携帯電話の販売へと大きく事業を転換させました。

いまでは、もともとあった自動車整備部門を売却し、最先端のクラウドサービスを提供する会社になっています。

そんな決断ができた理由を代表取締役社長の**渋谷順**さんにお聞きすると、やはり「直感です」という答えが返ってきました。

メイン事業の変更というのは、リーダーの意思決定としては最大規模のものだと言っていいでしょう。渋谷さんにとっても、考えに考えた末の決断だったのは間違いありません。

直感で決める人の「自信」はどこから来るのか?

では、リーダーの決断を支える「直感」の正体とは、いったい何なのでしょうか?ここまでお話しすると誤解する方はいないと思いますが、「直感で決める」というのは、「当てずっぽう」とは違います。

リーダーの最も大切な仕事の1つは、進むべき方向・ビジョンをつくることでした。広大な砂漠のなかで、北極星を指差し、「あの星を目指して歩もう」と信念を込めて仲間たちに語るのがリーダーです。その信念は、迷いなきものでなくてはなりません。誰からどんな反論を突きつけられても、揺るがないことが必要なのです。

では、そうした迷いなき信念のこもった決断はどこから来るのでしょうか？

本当に直感だけでそんな決断ができるものなのでしょうか？

きっとそんな疑問が湧いてくるのではないかと思います。


じつのところ、**直感とは、考えに考えて考え尽くした末に、ふと浮かび上がってくる決意**です。単なる思いつきや何となくのヤマ勘ではありません。

ですから、**リーダーの大切な仕事は、つねに考え続けること**です。考え続けた人にしか、直感は降りてきません。

考え尽くしたからこそ、どんな反論にも動じない信念が生まれてくるのです。

「自分で探し回る」から「考えながら待つ」へ

「偶然の幸運」に恵まれるリーダーの共通点

数多くのトップリーダーとお会いしていつも思うのは、**どのリーダーもつねに考え続けている**ということです。

「幸運の女神には前髪しかない」という言葉を聞いたことがある人も多いと思いますが、幸運には「次」がありません。チャンスだと思った瞬間に摑《つか》まなければ、幸運は逃げていってしまいます。

では、リーダーたちは、どうやって幸運の女神の前髪を摑んでいるのでしょうか？

優秀なリーダーたちは、過去の成功を振り返る際に、よくこんな言葉を使います。

「偶然」

「たまたま」

この言葉を聞くと、リーダーというのは、運がよくなければならないのだと思う方もいらっしゃるのですが、そうではありません。リーダーたちは、**つねに考え続けているがゆえに、大事な情報を見逃さない**のです。

その姿は、あたかも全身から「釣り針」が出ているような状態です。

つねに事業のこと、社員のこと、組織のこと、世の中のこと、いろんなことを考えていると、そこにはさまざまな疑問や問題意識という「釣り針」が出てきます。だからこそ、それに関わる有益な情報という「魚」が次々と引っかかってくるのです。

ふだん何も考えていなければ、日々流れてくる情報をさほど気にとめることなく、見逃してしまうでしょう。一方、全身から「釣り針」が出ているリーダーたちは、歩き回っているだけで、私たちが気にも留めないようなヒントやチャンスをどんどん釣り上げてしまうのです。

あなたの知っているリーダーは、飲みに行ったり、会食に行ったり、仲間と趣味を楽しんでいたり、新聞や雑誌を読んでいたり……と、いつもなんとなく遊んでいるように見えるかもしれません。

しかし本当に考え続けているリーダーにとっては、そうした時間すらもヒントとチャンスを与えてくれる情報源になっているのです。

「何もしていない」ときこそ、最大のチャンスが訪れる

随分と前のことですが、10分1000円のヘアカット専門店であるQBハウスが世の中に登場した際、**キュービーネット**株式会社（本社 東京都）の創業者である**小西國**

義さんにお話を伺ったことがあります。

アメリカではあたり前だった10分1000円へアカットのビジネスモデルですが、日本ではさまざまなハードルがあったそうです。その1つが、1000円という低価格のなかで、いかにして利益を上げるかという点でした。

「もっとスタッフの作業を減らすには？」

「できる限り外部に支払うコストを減らすには？」

そんなことを朝から晩まで考えていた小西さんが何気なくテレビを見ると、「携帯電話の普及によってテレホンカードの利用が激減し、カード販売機をつくっている会社が困っている」というニュースが流れていたそうです。そこで小西さんが思いついたのが、**テレホンカードの販売機を店舗の券売機にするというアイデア**でした。

お金を入れてカードが出てくる仕組みなら、お客様が料金を支払ったかどうかがすぐに確認できますし、スタッフがレジに立たなくてもよくなります。それに、売れなくなっている機械なので、ひょっとすると安く買えるかもしれない。

早速、そのメーカーに相談に行ってみると、さらにラッキーなことに、テレホンカードの販売機には通信機能がついていることもわかりました。つまり、販売機と本部を電話回線でつなぐことで、売上の集計や管理のほか、不正・盗難の防止もできるという「おまけ」までついてきたのです。

小西さんの「たまたまテレビを見ていたら」「偶然新聞を読んでたら」という話は、これだけではありません。

「タオルの洗濯コストをもっと削減できないか？」と考えていたところ、ペットボトルからつくった使い捨てタオルのニュースが〝たまたま〟流れていて、すぐに採用を決めたというエピソードもあります。希望するお客様には再生タオルをプレゼントするようにし、洗濯にかかっていた費用を一気に削減できたといいます。

また、お客様が来店した際に、「いまからお願いできますか？」「すみません、あと15分お待ちください」といったやりとりをしていると、そのたびにスタッフは作業の手を止めなくてはなりません。小西さんは「この時間ロスをなくすには、どうすればいいだろうか？」といつも考えていたそうです。

ある日、テレビを見ていると、工場の機械の不具合を示すランプが赤く光っているシーンが放映されていました。それを見た瞬間、小西さんは「これだ！」と思い、店の入り口にランプを設置しました。待ち時間なしなら青、少し混雑なら黄、満員なら赤が点灯するようにして、スタッフがお客様に応対する手間を省いたのです。

私たちもおそらく、小西さんがヒントにしたのと同じような情報や映像に触れているはずです。それが**ヒントとして映るか、単なる情報として通り過ぎていくかは、ふだんからどれだけ考えているかの違い**でしょう。

ちょっとした情報をビジネスに活かし、10分1000円で利益が出るヘアカット専門店をつくり上げたのは、小西さんが「つねに考え続けるリーダー」だったからです。

もの静かな外見、轟音を立てる脳内

最高のリーダーは「何もしない」、つまり現場で手を動かすことはしないにしても、とにかく頭を働かせ続けています。

QBハウスの小西さんだけでなく、「社長トーク」にお越しいただいた経営者さんたちも、物静かな外見とは裏腹に、頭のなかは怒涛のごとく高速で回転しているというタイプの方がたくさんいらっしゃいます。

靴下を製造・販売する株式会社**タビオ**（本社 大阪市）の創業者である**越智直正**《おちなおまさ》会長もつねに考え続けるリーダーです。

「靴下はわが子と同じだ」と語り、「靴下の神様」とも称される越智会長は、なんと1970年代に、生産から販売・在庫までを一貫して管理するサプライチェーン・マネジメント（SCM）のシステムを構築しました。

我が身の分身とも言うべき靴下が売れ残るのがあまりに悲しく、なんとかせねばという一心で、まだSCMの概念もなかった時代に、自ら勉強をしてシステムをつくり上げたというから驚きです。

アパレル業界最強とも言われたSCMをつくった越智会長ですが、ご本人はこんなふうに語ってくださいました。

「サプライチェーン・マネジメント？　そんな言葉、知らないよ。**靴下が売れ残るのが嫌で、そうならないためにはどうするかをずっと考えていただけ**」

また、越智さんとの対話のなかで印象的だったのが、「**気を抜くと靴下のことを考えてしまう**」という言葉です。仕事中はもちろんなのですが、休憩中ですら、うっかり気を抜くと、すぐに靴下のことを考えているというのです。

まさにこれは象徴的なお話です。リーダーとして結果を出す人は、考えることが常態化・習慣化しています。

チームのなかで誰よりも「考えている」のがリーダーなのです。

「心配性」な人ほど、最高のリーダーになる

誰よりも「高解像度」でチームを見ているか

タビオの越智会長に限らず、成功しているリーダーは、常日頃から考え続け、考え抜いています。

しかも、大きなビジョンや戦略だけではなく、どこで、誰が、どのようにやるか、誰の責任で進めていくのか、メンバーは足りているか、足りないならどう手当てするの

か、ほかのチームに支障がないか、どれくらい利益が出るのか――そういった細部までを徹底的に考え抜いているのです。

リーダーがそんなに細かいところまで考える必要があるのかという疑問も湧いてくるところですが、じつはこうした細部が気になってしまうのが、優秀なリーダーの共通点でもあるのです。

リーダーとして高いポジションへ上がるほどに、多くのことが気になってくるというのが現実です。経験が増えるからでもありますが、やはり**仕事全体を高い解像度で見通せる人がリーダーになっている**ということだと思います。

とはいえ、経験が少ない人、大雑把な性格の人はいいリーダーになれないのかというと、そんなことはありません。経験が少なければ、チームのメンバーたちとシミュレーションを徹底的に行ったり、経験がある人に入ってもらってアドバイスを得たりすればいいのです。細かいことに気を配るのが苦手なリーダーは、緻密な配慮ができる人にサブリーダーを務めてもらうのも1つの方法でしょう。

計画どおりに進むプロジェクトなどまずありませんから、大切なのは、全体を包括する視点を持つと同時に、個別の部分についてもある程度の仮説・想定を持ち、現場で起こり得るリスクに備えておけるかどうかです。

そして、高い解像度でプロジェクト全体を見通すためには、メンバーの力が不可欠です。だからこそ、ビジョンが重要なのです。

プロジェクトの目的を共有し、その成功のためにワクワクし、力を最大限発揮したいと思ってくれるメンバーが集まれば、プロジェクトの全体像が自ずと高解像度で見えてきます。

極端に心配性で、最高にポジティブ

「社長トーク」にお招きした社長さんや、お目にかかる機会があった起業家・経営者の方とお話ししていると、「この人、ちょっと**心配性**すぎるのでは……?」と思ってしまうことがあります。

ビジョン型リーダーなどと言うと、「全体をさっと見渡して、ざっくりとしたことを言うだけの人」というイメージを抱かれるかもしれません。しかし、どちらかと言えば、**「細かいことが気になって仕方がない心配性の人」のほうが多い**のが実情です。

カー用品で有名な株式会社**イエローハット**（本社 東京都）の代表取締役社長・**堀江康生**さんは、こう打ち明けてくださいました。

「社長になると、何もかもが気になりだします。『あれが心配』『これが心配』と小さなこともやっぱり気になるんです。部長の上には本部長、取締役の上には社長がいますが、社長にはもう次に投げる人がいない。精神的な負担はだいぶ違うと思います」

社長就任から半年間は、夜中に必ずシャツを着替えるほど、寝汗をかいていたそうです。それくらい心配事が多かったということでしょう。

ただし、優秀なリーダーはただの心配性で終わりません。心配と向き合うために、やっぱり「考える」わけです。堀江さんもこんなふうに語っていました。

「とにかく頭を動かさないといけない。サウナに入って考え、サウナから出て考え、布団のなかで考え、電車のなかで考え……。どの社長もみんな、実質的には24時間考え、仕事と個人のすべてが一体化していると思いますよ」

私がリーダー取材にのめり込んだ秘密も、まさにここにあります。

優秀な社長たちとお話しするのは私にとって最高に楽しい時間です。なぜかといえば、彼らは**極端に心配性でありながらも、決してネガティブではない**からです。

ですから本来なら、「心配性」というより「繊細」とか「緻密」と表現すべきかもしれません。ネガティブな人ではなく、ネガティブチェッカーであり、考えに考えて考え抜くリスク管理者なのです。

「極限の繊細さ」を持つ人だけが、「最強の大胆さ」を手にする

少々逆説的な言い方ですが、心配性な人が「ただの心配性」にとどまっているのは、**まだまだ心配が足りないから**です。

「もうこれ以上は心配できない」というところまで、徹底的にあらゆる可能性を考え尽くすと、そこには自信しか残りません。

優秀なリーダーたちが自信に満ちているように見えるのは、徹底的に心配し、考え抜き、手を打った結果、「やるべきことはやり尽くした」という実感を持っているからではないかと思うのです。

あらゆる角度で考えて、膨大な数の仮説を立てる。誰よりも緻密にネガティブチェックをしているからこそ、自信を持って前に進める。その様子が、考え尽くしていない人間からすると、大胆に「見える」のでしょう。

一方で、「自分は心配性ではない」というリーダーは、まだまだチームや組織に対する責任感が不十分なのかもしれません。全体を見渡す際の解像度が低いままで、気づいてしかるべきリスクに目が行っていない可能性もあります。

心配性の人は、優れたリーダーになる素質があります。ですから、単なる心配性の人で終わらないために、さらに具体的に、細かく細かく心配し尽くせるようになっていただきたいと思います。

「みんなに相談」から「1人で決断」へ

決断の全責任はリーダー1人に

「リーダーは孤独である」という話を一度や二度は耳にしたことがあると思います。最後に決断を下すとき、リーダーはたった独りだからです。

民主的な多数決がある世界でも、重要事項の決定はトップに委ねられていることが少なくありません。私が出席している取締役会や政府の委員会などでも、最終的には

「議長一任」ということがほとんどです。

最後の最後の決断は、やはりリーダーの仕事です。

もちろん、上司や部下に相談するのは間違いではありませんが、決断するのはリーダー自身であり、その責任はリーダー1人が負うのが原則だということを肝に銘じておく必要があります。

たとえその決断が失敗を招いても、すべてはリーダーのせい。意見をくれた人には決して責任を問うべきではありません。

また、たとえ何か意見を求めたとしても、上司の顔色を伺って肯定的なことしか言わない部下もいるでしょうし、一部のメンバーだけに相談していると、「あのリーダーは依《え》怙《こ》贔《ひい》屓《き》している」という声が組織・チーム内に出てくるかもしれません。

サッカーの**岡田武史**監督は、日本代表の監督をしていた当時、選手とは絶対にプライベートな食事に行かないようにしていたそうです。人間なので、一緒にご飯を食べたりするとどうしても情が移り、直感や決断が鈍るというのです。

「結婚式に参列したりしたら最悪だよ。『あいつにはあのかみさんがいるんだ』と思ったらスタメンから外せなくなる。おれ、そういうのに弱いんだよね」

ベストな決断をするために、特定のメンバーと関わりすぎないように気遣い、メンバー全員をフラットな目線で見られるようにする。**リーダーにはメンバーとの距離を保つバランス感覚も求められる**のです。

これも「リーダーは孤独である」という言葉の1つの側面だと言えるでしょう。

リーダーの相談は「壁打ち」であるべき

私がふだんお会いするリーダー、つまり企業の社長さんたちは、勉強会や飲み会、ゴルフなど、リーダー同士のコミュニケーションの場を頻繁にお持ちです。そこは、リーダーたちの自然な意見交換の場になっています。

意見交換といっても、何か具体的な課題に対しての「答え」を教えてもらおうというわけではありません。

自分の考えを固めていくための根拠を求めたり、第三者からどう見えるかを確認したりしているのです。あらかじめ**「自分なりの仮説」があったうえで、それを補強する材料を集めている**というイメージでしょうか。

お仕事でご一緒する経営者や「社長トーク」にいらっしゃる企業リーダーとお話ししていると、「対話における**私の存在は、テニスの壁打ち用の『壁』みたいだ**」と感じることがあります。私との対話を通じて、彼らは自社のビジョンや事業内容、その意義について、自分自身と語り合っているように見えるからです。それはあたかも、自分にいちばんしっくりくるフォームを探しているテニスプレーヤーのような感じです。

リーダーの方たちと対話をする際には、とにかく相手を否定しないように心がけています。つねに肯定と共感・感動を持ってお話を伺っていると、彼ら自身もワクワクしながら未来を語ってくださいます。

たとえば、「社長トーク」でお話を聞く際には、社長さんが発した言葉をあえて「別の言葉」に言い換えながらあいづちを打ったりします。すると、それが社長さんの頭のなかをさらに触発し、心のなかに眠っていたものが表に出てくるのです。

実際、こうした対話が、新たな事業展開へのきっかけ・ヒントになったりすることもあるようです。第三者との対話は、他者という鏡を使った自分との対話であり、リーダーが自分の考えを磨き上げるときには欠かせない作業なのです。

相談されても「指摘」しない

一方で、相談をするのが得意な人と苦手な人がいるように思います。私自身も、人に相談するのが苦手で、どうしても自分で何とか解決しようとしてしまうことが多いタイプです。

しかし、さまざまなリーダーの集まりに出ていると、相談がとても上手な人に出会います。そして、その相談を通じてどんどん仲間が増えていく人にもたくさん出会いました。そこで次第にわかってきたのは、「相談されると誰でも意外とうれしく感じる」ということです。

ただ、相手の時間をいただき、経験や知恵を借りるのですから、それなりの心がけは必要です。私が誰かに相談するときに気をつけているのは、**いただいた助言を絶対に否定しない**ということです。

「なるほど」「そうですよね」「やってみます」など、何らかのかたちで相手の助言を受け入れるのです。相手の話に100%同意できないとしても、そこには必ず学びになることがあるものです。それを逃さず、絶対に何かを拾い上げようとする貪欲さが欠かせません。

逆に、メンバーから相談されるというケースもあるでしょう。

そんなときも、真摯に相手の話を聞くようにしましょう。**リーダー自身がメンバーにとっての「壁打ちの壁」になる**のです。人は誰しも自分のなかに答えを持っていますから、それを自らの力で見つけてもらうのが「壁」の役割です。

話を聞きながら何か気づいたことがあっても、ギリギリまで指摘しないようにし、とにかく最後まで話を聞くようにします。

そうすることで、メンバーが自ずと自分の答えと出会うことになるのを「待つ」のです。

相談内容に耳を傾けているうちに、リーダーであるあなた自身の体験とも重なり合うところが見つかり、自分の課題とも向き合うきっかけになるかもしれません。

相談は、互いを成長させるすばらしいコミュニケーションの1つです。

第3の発想転換

「命令を伝える」から「物語を伝える」へ

人・組織にビジョンを浸透させる

「魅了するプレゼン力」から「共感を呼ぶ説明力」へ

「高度なプレゼン技術」は必須条件ではない

物語を伝える天才と言えば、**アップル**の故**スティーブ・ジョブズ**さんをイメージする方も多いのではないかと思います。

ジョブズさんが新製品を発表するときのプレゼンテーションは、まるで大切な宝物を見せるかのごとく幸せそうで、そして自信に満ちていました。

その姿に多くの人々が感動し、アップル社の製品を思わず「ほしい」と思ってしまいました。

ジョブズさんに限らず、すべての社長やリーダーにとって、自分たちの事業や商品・サービスなどは、仲間たちとともにつくり上げた作品であり、大切な宝物ですから、誰にでもジョブズさんのようなプレゼンをするベースはあるはずです。とはいえ、文化や習慣の違いもあって、彼のようなプレゼンをする日本人リーダーはあまり多くありません。

ただし、ここで1つ整理しておきたいのは、**プレゼン力とビジョンを語る力は、必ずしもイコールではない**ということです。

プレゼンは、多くの人にアピールするためのある種のパフォーマンスです。プレゼンのような大仰なことを考えなくても、日ごろの仕事のなかでビジョンを伝える方法はたくさんあります。

たとえば、取引先との対話や社内会議の場も、ビジョン伝達のチャンスになります。

取引先で、リーダーであるあなたの「うちは○○な会社です」という自社紹介に耳を傾けているのは、お客様だけではありません。同行している部下もまた「そうか、うちは○○な会社なのか……」と思いながら聞いています。

会議でも同じです。つねに、自社のビジョンに照らし合わせながら意思決定することを習慣にすれば、メンバーとともに、ビジョンを深く掘り下げて考える機会を持つことができます。

つまり、ビジョンの伝達には、周到に用意された演出や高度なプレゼン技術は不要です。それよりも、ビジョンを意識する機会を「いかにたくさん」日常のなかに盛り込めるかが重要なのです。

まずはリーダー自身が「腹落ち」しているか？

じつのところ、「ビジョンを伝える」という仕事において最も重要なのは、現場に語りかける以前に、**当のリーダー本人が心からそのビジョンに信念を抱いているか**ということです。

すでに見たとおり、創業社長でもない限り、ビジョンをゼロベースからつくり上げたリーダーというのはまずいらっしゃらないでしょう。

先代から経営理念を引き継いだ社長はもちろんですが、中間管理職の方々も「本当にそれがあなたの信念ですか？」と聞かれれば戸惑うケースのほうが多いのではないでしょうか。

しかし、まずもってリーダー本人がそのビジョンに共感していなければ、どんなに伝え方を工夫したところで、メンバーの心の底にまでビジョンが浸透することはありません。

ビジョンに対して表面的に共感したふりをしていても、メンバーからは容易に見透かされます。「どうしたんだ？　うちのリーダーは急に『きれいごと』を言い出したぞ……」と思われるのが関の山です。

自らの納得感がなければ、立派なビジョンも「空虚な言葉」でしかないことを心得るべきです。先代からずっと継承されてきた考え方だとしても、まずはそれについて徹底的に考え直し、それを我がものとしていくプロセスが必要なのです。

「そうは言っても……もともと自分が考えたビジョンじゃないんだし……心底から共感するなんてそもそも無理だよ」と言いたくなる人もいるかもしれません。

しかし、創業社長ですら最初から自分のビジョンに１００％の確信を持っているかというと、そんなことはないと思います。

朝礼でも、会議でも、お酒の席でも、**繰り返し繰り返しビジョンを語る社長は、メンバーにだけではなく自分自身にも、そのビジョンを深く刻み込んでいるのだと言えます。**

人に話しているようでいて、じつは自分に語りかけている。その意味では、自己暗示とも言えるかもしれません。語れば語るほどビジョンの精度が増し、自らの考えが整理されていく、ある種の自己強化プロセスを取り入れているのです。

直感での決断を、論理的な言葉に「変換」する

ビジョンが少しずつ自分の腑に落ちてきたら、次に磨くべき能力は、「説明力」です。もちろん、スキルとしての説明力をどう磨くかということもあるのですが、それ以前に心に据えておくべきことがあります。

それは「誠実さ」です。リーダーの説明力のベースには、「嘘をつかない」「正直に伝える」「いい加減にしない」といった誠実さが不可欠です。どれほど高い説明スキルがあろうとも、誠実さがなければビジョン伝達には役立ちません。

とはいえ、伝書鳩のように、つねに何でも正直に伝えていては、組織やチームに混乱を招きます。**何を伝え、何を伝えないのかもまた、リーダーが判断すべき重要なポイントです。**

たとえば、直感で決めたことを、そのまま「直感で決めた」とメンバーに語ってしまったら、間違いなく誤解を招きます。

そこで必要なのは、**決断したプロセスを「説明」すること**です。あと付けでもいいので、「なぜそこに向かうことにしたのか」についての論理を組み立てて、しっかりと伝えるのです。

たとえば、自動車メーカーのトップとして「これからは電気自動車マーケットに参入する」という決断を下したのであれば、数十年先を見据えた大きな社会的変化、自社の強みなどとともに、決断に至るまでの物語を伝え、社員にも、株主にも、消費者にも、しっかり納得・共感してもらわなければなりません。

従業員だけでなく、株主や消費者にも理解してもらえれば、周囲の期待感に押され、メンバーのやる気はぐんと高まるでしょうし、さまざまな方面からの応援も得られるはずです。**納得してもらうための説明をすること、共感を得るために心に深く届けることは、リーダーの重要な仕事の1つ**です。

ここからは、せっかくつくったビジョンを「絵に描いた餅」で終わらせずに、いかにしてメンバーに浸透させ、実際にチームを機能させていくかということについて、さまざまな事例とともに見ていくことにしましょう。

正解がない世界では、「納得感」がすべて

司馬遼太郎さんの長編歴史小説『坂の上の雲』のなかで、とても印象に残っているシーンがあります。

主人公が軍艦の自室で次なる戦略を決断するシーンです。ベッドに横たわり天井を見つめながら、「戦略は直感で決めたが、『なぜそう決めたか』を隊員たちにどう説明するか、考える時間が必要だ」といったことを呟きます。

直感が当たるか当たらないかはわかりません。しかし、最も重要なのは、**リーダーが決断しなくてはいけないことのほとんどに「正解」がない**ということです。

成功するかしないかは誰にもわからないからこそ、リーダーとしては現場が納得できる「説明」をしなければなりません。決断に至ったプロセスを論理化して伝え、迷わず走り出せるようにメンバーの心を整えることが必要です。

ブータン王国は、現在の5代目国王の父である4代目国王**ジグミ・シンゲ・ワンチュク**によって民主化されました。

前国王は民主化の際に、ブータンの全国を行脚《あんぎゃ》したと言います。自動車が入れない山奥の村では、途中で車を降りて歩き、「ブータンを民主化する」という大きな決断について、国民に説明して回りました。

国民の一部には「王様が国を守ってくれればいい。民主化して選挙権をもらう必要なんてない」との声もあったそうですが、前国王は国民が納得するまで粘り強く語り続けたそうです。

「私のように国民を大切にしたいと思う国王ばかりが続く保証はない。とんでもない王が現れたときに、国民が独裁を阻止できるよう準備をしておきたい」

そうした国王の言葉にブータンの国民たちは賛同し、民主化に向けて一気に動き出しました。

いまリーダーに求められるのは、こうした「説明能力の高さ」です。

かつてはわざわざ説明などしなくても、誰もが仕事に取り組める仕組みなりマニュアルなりをつくっておき、そこに人材を当てはめて効率的に利益を上げていくスタイルが理想とされていました。

しかし、これから人を動かすのは、「誰でも読めばわかるマニュアル」ではなく、個々のメンバーの納得感・共感を生み出すリーダーの言葉です。

ここでもう1つ、なぜいま、以前にも増してリーダーの「説明」が必要になったのかをお話ししておきたいと思います。それはグローバル化の流れです。グローバル化の本質は「多様化」です。性別や国籍にかかわらず、さまざまな価値観の人々とともに働くためには、これまで「阿吽《あうん》の呼吸」で伝わっていたことを言葉にして説明し、さらに対話を通じて理解を深めることが不可欠です。

世代間も含め価値観の多様性が進むいま、リーダーが説明能力を軽視していては、チームの力を最大化することはできないでしょう。

では、説明能力を身につけるには、どうすればいいのでしょうか？

今度はそれについて考えていきましょう。

リーダーの「声」が最高のチームをつくる

ビジョンは「耳」から浸透する

経営者向けの講演などで、ビジョン型リーダーシップのお話をすると、参加している方から「どうすれば社員にビジョンが浸透するのでしょうか?」という質問を受けることがあります。

「何かコツのようなものがないか?」ということなのでしょう。

正直なところ、私がたくさんの社長にインタビューしてきた経験から言うと、お手軽にビジョンを浸透させるテクニックというものはありません。

ただ、最も有効と思われる方法をあえてあげるとすれば、それは「**リーダーが自らの声で語ること**」です。

ビジョンを伝える方法としては、すでにいろいろなものが紹介されていると思います。最近では、動画やメールなどを使ってメッセージを伝えるという方もいらっしゃいます。数多くのメンバーを抱える大きなチーム・組織であれば、こうしたツールを積極活用する知恵も必要なのですが、やはり最も効果があるのは、リーダーが自分の声で（口頭で）、メンバーに直接、何度も何度も語りかけることです。

もちろん大企業の経営者や大きな部署のリーダーになると、メンバー全員に向かって語る機会は少なくなっていくでしょう。また、業績が振るわず精神的にも余裕がなくなってくると、メンバーと顔を突き合わせて話をすることにストレスを覚えるリーダーも多いと思います。

しかし、そんなときこそ、リーダーが直接語りかけるべきです。経営危機から立ち直った経営者の方にお話を聞くと、「危機のときこそ、現場に行くようにした」と話す方が少なくありません。

ただの「きれいごと」で終わらせないために

随分と前のことですが、**ANA**（全日本空輸株式会社／本社 東京都）が経営再建に取り組むことになった当時、代表取締役社長だった**大橋洋治**さんは、クレドをつくって社員に配布しただけでなく、1年ものあいだ、毎日のように現場を回り、社員に直接語りかけ続けたといいます。

「我が社はこれからどうなっていくべきか」「何のために航空会社を続けるのか」――それを社員に直接伝えなければ再建できないと考え、トップリーダーとしての時間の多くをそれに使ったのです。

当然のことながら、**ビジョンに対して最も強い「思い入れ」を持てるのは、リーダ**

ー自身です。だからこそ、本人が自分の声を使って直接伝えようとしない限り、メンバーにはなかなか伝わりません。

メンバーからすれば、「お客様を大切にしよう」とか「顧客第一主義」などという言葉は、どうしても「どこかで聞いたようなきれいごと」です。その意図や内実まではなかなか理解してもらえません。

私がインタビューした会社のリーダーたちは、**「普通に伝えただけでは、まずわかってもらえない」と思っている**からこそ、「伝え方」の部分でかなり試行錯誤していました。

ビジョンを表す言葉にしっかりとした「奥行き」を与えられるのは、リーダーだけです。

ちょっとした紙を配ったり、ミーティングで一度話したぐらいでは、リーダーの思いはまず理解されないと思ったほうがいいでしょう。

腑に落ちるまで「質問」をぶつけてもらう

ビジョンを浸透させるために、メンバーからの質問を徹底的に受けるという方法をとった企業リーダーがいます。

インターネットを使った市場調査などで知られる株式会社**マクロミル**（本社 東京都）の創業者の**杉本哲哉**さんは、会社を改革する必要に迫られた際、「夕方6時以降は社長室を開放する」という取り組みを1年以上続けたそうです。

当時社長だった杉本さんは「何でも聞きにきてほしい。全部答える。納得するまでつき合う」と社員に約束し、実際、深夜12時近くまで質問に答えた日も少なくなかったとか……。それだけメンバーも聞きたいことがたくさんあったし、社長もメンバーに真摯に向き合ったということでしょう。

ビジョンや会社の方針について質問を受け続けるというのは、想像以上に大変なことです。いくらいろいろな質問を想定していても、なかなか容易に答えられないものもあるでしょうし、社長に聞く必要もないような些細な質問もあるかもしれません。それでも、どんな質問にも粘り強く答えていかなければなりません。

そもそも人は話を聞いただけではなかなか納得できないものです。徹底的に質疑応答を繰り返していれば、感情的な応酬に発展することもあるでしょうし、時には語気を荒げるような場面も出てくるかもしれません。

しかし、それが互いの心の奥深くで触れ合う機会となり、ビジョンへの共感度が高まることも十分あるのです。

本当の仲間を「選別」する

いくら同じ会社で働くメンバーだとしても、生まれも育った環境も違う人間同士が、理解し合うのは簡単ではありません。しかし、それを乗り越えて1つになることもまた、チームで仕事をする喜びでもあります。

そんなチームをつくるために、時として、メンバーの選別が必要な場面もあります。

ひらまつの**平松博利**社長は、同社がより大きな企業体に生まれ変わろうとするタイミングで、社員を連れて河口湖に研修に行ったそうです。

平松社長は、当時いた200人くらいの社員を10人単位に分け、連日のように河口湖まで出かけては、自らの思想やこれからの方向性について、自らの口で語りました。そして、「**『この指とまれ』だ。この指にとまる人間だけでこれから進んでいこう**」と宣言したそうです。

もちろん、ビジョンに共感してもらえなければ、指にとまってくれないかもしれません。しかし、リーダーにとって、メンバーの能力の有無は、2番目3番目の問題なのです。重要なのは、ビジョンに共感できるかどうか。さもなくば、能力があっても必要なメンバーとは言えません。冷酷に思えるかもしれませんが、そうした「**選別**」もビジョン型リーダーシップには必要なのです。

「社長トーク」では、こうしたビジョン型リーダーシップを実践するリーダーたちに、「メンバーの人選をどのようにしているのか?」を聞いたことがあります。多くのリーダーに共通する答えは、「素直さ」でした。

組織のメンバーとして、素直に仲間の声に耳を傾けたり、素直にチームの価値観を理解したりしようとする人柄が、チームの結束には不可欠とのこと。経験がなくても素直さがあれば、どんなことでも吸収でき、成長の可能性は無限大となります。

じつは、多くのリーダーが、この「素直さ」を持っているのも事実です。

ビジョンを浸透させる「同じ釜の飯」の力

「合宿」する組織が増えている

さて、共感できる仲間が集まり、組織の規模が大きくなってくると、リーダーの言葉がメンバー全員に届きづらくなってきます。

そうなると次に必要なのは、リーダーと同じ思いでメンバーに語りかけてくれる「幹部」を育成することです。

いろいろな方法があると思いますが、私が取材してきたなかで、最も効果がありそうなのは、「**寝食を共にすること**」です。実際、社長と幹部が合宿をしている会社は増えているように思います。

私も、いくつかの会社の役員合宿などにご一緒させていただいたことがあります。「どうやって我が社の利益を拡大するか？」というような実利的な話を日中にしていたかと思えば、夜になりお酒も入ると、またひと味違ってくるのが合宿の魅力です。みんなが座敷で車座になったり、ソファに集まったりして、スーツを着ているときよりも熱い対話がはじまります。未来志向で夢や議論をぶつけ合ったり、現場の苦労話を共有し合ったりと、心を基点とした独特なコミュニケーションが生まれてくるのです。

合宿の機会は、リーダーのビジョンをチームでを共有するうえで、とても効果的です。海外の企業などは、こうした取り組みを「**オフサイトミーティング**」と称し、世界各地のリゾート地などリラックスできる場所で終日語り合ったり、グループワークをしたりするのがあたり前になっています。

日本企業も世界展開をするなかで、オフサイトミーティングのような活動が増えていくと思われます。すでにＩＴビジネスの最先端を走るベンチャー企業などは、こうした取り組みを頻繁に実践して、チームワークを高めると同時に、新たなビジネスをスピーディに生み出しています。

また、世代的な特徴として、とくにバブル期入社の人たちは、会社の人たちとオフサイトで関わるのを好まない傾向があるように思いますが、新しい世代の起業家たちは、再びこうした取り組みを積極的に取り入れています。バブル世代を除いた上下の世代が、オフサイトミーティングで信頼を深め合う流れが、いまに起きてくるかもしれません。

リーダー同士で「寝食を共にする」機会をつくる

羽鳥兼市さんが代表取締役会長を務める中古車販売の株式会社**ガリバーインターナショナル**（本社 東京都）は、設立からたった8年10カ月で東証一部上場を果たすという急成長を遂げた企業ですが、ここでも「寝袋合宿」というものをやっていた時期があったそうです。

社員数が1000人を超えたあたりから、社長の声が現場に届かなくなり、羽鳥さんは「少なくとも役員やマネジャークラスには、会社として進もうとしている方向を伝えねば……」と感じたそうです。そこで、寝袋を用意して30〜40人ずつでオフィスに泊まり込み、ガリバーのこれからについて話し合う機会を設けました。

そのほかにも、月1程度のサイクルで「管理職合宿」をしている会社もあります。役員会などで社長の話を聞く機会が比較的多い役員たちとは違って、**中間管理職というのはビジョン伝達の障害となりがち**だからです。

中間管理職にあるリーダーたちは、社長と共にする時間がさほど多くないうえ、目標などを受け止める立場ですから、どうしてもビジョンの共有よりも、ノルマや数字の下達に重きを置きがちになってしまう。そこで、あえて「社長と管理職の合宿」をするようにしている会社があるのです。

東海・関西エリアを中心にリサイクルショップを展開する株式会社**買取王国**（本社名古屋市）の代表取締役社長・**長谷川和夫**さんにも以前「社長トーク」に出演いただきましたが、同社でも、近くのビジネスホテルを借りて、社長と支店長・管理職が語り合う研修を月に1回開催しているそうです。

また、通信系の部品メーカーである**本多通信工業**株式会社（本社 東京都）では、会社から徒歩圏内にある社長の自宅を、管理職などの研修・懇親の場として開放しています。研修後の懇談会では、参加者が当番制で食事の用意をし、社長も含めた全員で食事をしながら、会社の課題やさまざまな考えについて、夜遅くまで語り合うそうです。

「同じ釜の飯を喰う」――古い言葉ではありますが、その価値を見直し、実践している組織が増えています。

「ツールで伝える」から「現場で伝える」へ

ビジョンの語り手としての新人教育担当

最近は、幹部や管理職がトップと合宿をするだけではなく、社員旅行や社員集会、運動会など、社長以下全社員が一堂に会すイベントを実施する会社も増えてきているようです。

しかし、やはりイベントは一過性のもの。そのときに心が動いても、日常業務に身を置いていると、イベントで得られた共感や感動も薄れていくものです。ですから、業務そのもののなかで、メンバーがビジョンを実感する機会をつくることも大切です。

たとえば、**メンバーに新入社員や後輩の教育を担当してもらう**というのも、いい方法です。新人などに向けて会社やチームのビジョンを自ら語る機会をつくることで、当人のなかにも納得感が生まれていくからです。

「うちの会社は〇〇な会社なんだよ」
「私たちの部署というのは〇〇のためにあるんだ」

そうやって後輩社員に説明しているうちに、「そうだ。もっと〇〇な会社にするには、ここを工夫できるんじゃないか?」「目先のことを考えるとAだが、『〇〇する部署』というビジョンに照らせばBを選ぶべきかもなあ……」といった気づきが、教育係になったメンバーのなかに生まれていきます。

現場で売上目標を持ちながら働くメンバーからすれば、「ビジョンなんて言っていても、なかなか現実は厳しいよ」「こんな理想ばかりじゃやっていけない!」と言いたくなることもあるでしょう。メンバーに新人教育を担当してもらい、ビジョンを意識する機会をつくれば、実務とのあいだに感じる矛盾の解消にもつながります。

何度もビジョンを「振り返る習慣」をつくる

もう1つ、ビジョンを現場に浸透させるための方法として、さまざまな書籍などでも触れられているのが「**クレド**」です。

クレドとは、ビジョンや行動指針が書かれたカードなどを指します。

クレド経営はかなり一般化しており、社員手帳や社員証の裏に記載されていたり、名刺フォルダーにカードを入れることになっていたりと、かなり多くの企業が取り入れています。クレドに自分の目標を書いて1年後に達成度を確認するとか、朝礼で声に出して読み上げるという会社も少なくありません。

有名なところでは、**ザ・リッツ・カールトン・ホテルカンパニー**のクレドカードがあります。リッツ・カールトンの従業員たちは、行動指針となる「ゴールド・スタンダード」が記載されたクレドカードをつねに携帯しており、その理念を心に刻んでいます。

ただし、クレドをつくったり配ったりするだけでは、ビジョンが浸透することはまずありません。**クレドはビジョンを思い出すための補助ツール**でしかなく、これを配りさえすればビジョンが共有されるというほど簡単なものではないのです。

かつて「社長トーク」でお話を伺ったある企業でも、「企業行動憲章」が記載されたクレドカードを従業員に配布していました。

ユニークだったのはその運用の仕方です。さまざまな地域のお客様に個別対応できるようにと、**「現場レベルで何らかの決断を下すときには、必ずクレドカードを見る」というルール**が設けられていました。

「ビジョンに照らして正しければ、個別の判断は現場でやっていい」という体制は、まさにビジョン型リーダーシップを実現している例だと言えるでしょう。

「社外の人」の言葉の力を借りる

ビジョンや会社の方向性を伝える際の一種のテクニックとして、**外部の人間の力を借りる**という方法も考えられます。

身内が身内に向かって「私たちの仕事にはこんなすばらしい意義があるのだ」と語るだけでは、どうしても説得力に欠ける部分があります。そこで、あえて外部の人に「あなたたちの仕事って、こんな社会的な意味があるんですよ」と伝えてもらうわけです。

大手金融機関の子会社になった**ある消費者金融会社**の話です。

親会社の金融機関からやってきた新社長さんは、着任早々、社員それぞれに「仕事についてどう考えているか」についてレポートを書いてもらいました。するとそこには、社員たちが仕事に対して抱えていた負い目や引け目が綴られており、新社長は「みんなが自信を持って働ける職場をつくりたい」と心底思ったそうです。

しかし、社長がいくら、消費者金融の社会的意義を語ったところで、社員たちに広がっていた空気が容易に変わることはありませんでした。当時、世間では、消費者金融がバッシングの渦中にあり、消費者金融をヤミ金と同列に扱うようなメディア報道も蔓延《はびこ》っていたからです。

そこで社長は、外部の有識者の方々を会社に招くようにしました。そして、社員の前で有識者と対話したり、社員たちと有識者の方々との対話会を開いたりしたのです。「消費者金融の社会的意義」についても彼らに語ってもらい、社員が自分たちの仕事について考え直すための機会をつくったのです。

その結果、社員たちは徐々に自信を取り戻していき、「この仕事を通じて自分のキャリアを築いていこう」という意識が生まれていったといいます。

組織やチームのビジョンに共感するのは、内部のメンバーだけではありません。外部の人間もビジョンに共感します。ですから、自分たちのビジョンに共感してくれる外部の人がいたならば、積極的にメンバーと交流してもらうといいでしょう。

社外の第三者が、自分たちの組織のビジョンについて語ってくれる言葉は、思った以上にメンバーたちの心に届くものなのです。

リーダーにとって唯一の仕事道具は「言葉」

ビジョンをチームの隅々にまで浸透させる方法を事例とともにいくつか紹介してきましたが、突き詰めて言えば、やはりビジョン伝達力の本質とは「言葉の力」です。リーダーの唯一かつ最強の仕事道具は「言葉」なのです。

そこで、この章の最後に、1つだけ注意をお伝えしておきたいと思います。それは、**「リーダー自身の言葉が持つ力」**に自覚を持つことです。リーダーは、誰よりも言葉に敏感でなければなりません。

組織内のポジションが上がるほど、リーダーがうっかり発した言葉で、人や組織が思わぬ方向に動いてしまうようになります。私自身も若いころは、はっきりとした物言いをしない上司に不満を抱いた時期がありました。

しかし、私もいざリーダーのポジションになってみると、自分の発言が部下や組織にどれほどの影響力を持っているのかを実感することになりました。

そうした葛藤のなかにありながらも、メンバーたちに納得してもらえるような言葉選びや言葉遣いをしなければならないのがリーダーなのです。

リーダーの発した言葉で、チーム内に不協和が生じたり、プロジェクトが滞ったりするということは、リーダー自身がまだまだチーム全体を高解像度で見られていない証拠です。

たとえば、「最近の営業1課はだめだね」と何気なくリーダーが言うだけでも、チーム全体のなかには「じゃあ、営業1課と組むのはやめよう……」といったムードが広がります。その結果、営業1課の成績がさらに悪化するという事態につながるかもしれません。

また、メンバーのあいだに「ウチのリーダーは裏表のある人だ」というイメージが広がっていれば、つねにリーダーの言葉の「裏」を読もうとするようになりますから、伝えたいことの真意が伝わらりづらくなっていくでしょう。

つねに誠実かつ正しい言葉を使うことは、リーダーが心がけるべき最重要事項です。また、広く共感を呼ぶようなビジョンを言語化するには、研ぎ澄まされた言葉の力が必要です。言葉こそがリーダーの力の源泉であり、言葉の修練はリーダーに不可欠なのです。

第4の発想転換

「全員味方」から「全員中立」へ

リーダーは「嫌われない人」を目指せ

傷つきやすい小心者が、優秀なリーダーになる

いいリーダーほど、なかなか本音を言わない

これまで誰にも言ってこなかったことですが、じつはラジオ番組「社長トーク」を収録する際にこだわってきたルールが1つあります。それは、**収録部屋に入るのはゲストの社長さんと聞き手の私だけにする**ということです。

社長インタビューとなると、必ずと言っていいほど、秘書や広報担当者の方が同伴されますが、大変失礼ながら、収録の際にはブースの外で音声を聞いていただくようにお願いしています。もちろん、私のほうにもアシスタントはつけません。

なぜそうしているかといえば、**優秀なリーダーは驚くほど繊細だから**です。リーダーの多くが、「気配り」タイプです。そばに誰かがいると、発言に気を遣ってしまい、本音を語ってもらえないことがあります。

とくに、広報担当者などが発言メモをつくってくださっていると、できるだけメモに沿ったコメントをしようと配慮されたり、ついつい社員の表情を気にされたりするものです。

NHK教育テレビ「21世紀ビジネス塾」のキャスターをしていたころにも、同じような体験をしました。カメラが回っているあいだは当たり障りのない真面目な話ばかりしていた社長さんが、カメラが止まった途端に、いい話や本音をぽろっと口にすることが少なくなかったのです。

そのため、ディレクターさんからは、「『今日はありがとうございました！』という**締めの言葉を発したあとからが、本当のインタビューだと思っておけ**」と言われたこともあります。実際、「収録終了のかけ声があっても、カメラは止めないように」という指示もあったほどです。

一方、「社長トーク」は音声だけの番組ですが、第三者の存在は、カメラと同じくらい、社長さんに気を遣わせるものなのです。そこで収録のときには、社内の人が視界に入らない「密室状態」をあえてつくり、ほかの人の視線を気にせず自由にお話しいただける環境をつくっています。

「逆に、密室のほうが社長さんは緊張するのでは？」と思われるかもしれませんが、そこは私が努力で補うべき点です。社長さんに気持ちよくリラックスしてお話しいただけるよう、聞くことに徹する姿勢で対話に臨んでいます。

雑誌のインタビューなどでは、広報担当者が事前に打ち合わせを求めてきたり、記事の内容を秘書がチェックしたりすることがほとんどです。たしかに、会社のことを広く正確に伝えるためには、こうしたプロセスが大切なのかもしれません。

しかし私は、企業のリーダーに自由に話してもらい、社会の未来を切り拓き続けている人間としての思いや哲学を多くの人に聞いていただきたいのです。社長の言葉は、仕事と人生に関わるビジョンに溢れていますから、多くの人に勇気と希望を与えてくれるはずです。

大局を見ているようで、じつは驚くほど細かい

「密室インタビュー」のエピソードからもおわかりいただけるとおり、「細かいことは気にしない、我が道を行くリーダー」という典型的な社長キャラクターの人というのは、本当は多くないのだと思います。むしろ、**「繊細で傷つきやすく、細部が気になるタイプの人が、トップリーダーになっている」**という印象です。

繰り返しになりますが、繊細であることは、リーダーにとって大切な資質です。

つねに注意深く周囲に意識を張り巡らしているからこそ、細かいことにすぐ気がつく。いろいろな角度で物事を検証し、自分の信念を深めてきた人が、リーダーとしても成功しています。

私は仕事柄、さまざまな企業トップと会議や食事を共にする機会があります。プロジェクトなどをご一緒する際には、優秀なリーダーほど、小さな文字の間違いや資料の不備に誰よりも早く気づきますし、作業をしてくれているアシスタントたちにも**細やかに配慮し、感謝の言葉を伝えています。**

こうした姿を間近で見るにつけ、一流のリーダーほど繊細であると確信させられるのです。

また、会食の際に毎回驚くのが、お礼のメッセージの早さです。会が終わってタクシーまでお見送りした直後、ＳＮＳ経由で「今日はありがとうございました」とお礼のメッセージが入ることが少なくありません。

そのたびに私は「また先を越されてしまった……」と反省するわけですが、トップリーダーというのは本当に「マメ」です。

異性にモテる方が多いのにも、そういう理由があるのかもしれません。

これは第2章でお伝えした「リーダー＝考える人」であるということと無関係ではないのかもしれません。つねに多くのことに意識を張り巡らせているので、あらゆることに直感的に気づいてしまう瞬発力が鍛えられているのでしょう。

リーダーの行動力は「マメさ」から生まれる

トップリーダーの繊細さは、行動にも表れています。会食直後のお礼メールもその1つですが、繊細で配慮が行き届いているがゆえに、行動もマメになるのでしょう。

私はこれまで4度ほど、サウジアラビアを訪問しています。現地の人と交流するなかで実感したのは、**サウジアラビア**の**アブドラ前国王**が本当に国民に愛されているということでした。

アブドラ前国王は生前、1カ月かけてサウジ全土を回って国民と対話したり、国民から直接要望を聞く会を定期開催したりしていました。厳格なイスラム教が行き届いたサウジアラビアならば、おそらく国王がそこまでしなくても、国を治めることはできたと思います。しかしアブドラ前国王は、国民の生の声を聞くことを大切にしていました。

その背景には、国民への愛情だけでなく、インターネットの発展もあったのだと言われています。さまざまな価値観に基づく情報がサウジアラビア全土に入ってくる時代になった以上、自らの目で国民の生活を観察し、自らの声で国民に伝えていかなければならないとの思いが、国王ご自身にもあったのでしょう。

モロッコの国王も同様の取り組みをしています。国民と握手して回ったり、共に語り合ったりして、積極的に国民との距離を縮めているそうです。

君主制が敷かれている国家のリーダーですら、現場を行脚するようになっています。こうした現実を目の当たりにし、トップリーダーの繊細さと行動力を垣間見た思いでした。

この国王たちと同様、現場を歩くようにしている企業経営者は少なくありません。変化の激しいこれからの時代、現場に足を運ぶことはますます重要になります。現場の空気感やメンバーたちの顔色の変化を繊細に察知することが、リーダーの意思決定力を補強していくのです。

トップリーダーたちは、繊細さと大胆さを併せ持つ

以前、経団連の機関誌向け新春対談で、2年連続で司会を務めさせていただいたことがあります。経団連会長だった**奥田碩《ひろし》**（元・トヨタ自動車社長）さんの対談相手は、当時、総理大臣だった**小泉純一郎**さんでした。

奥田さんは、豪放磊落《ごうほうらいらく》な方といった印象でしたが、実際にお会いしてみると「気遣いの人」でした。小泉首相のお話が何度も脱線してしまったりするなか、司会役の私を気遣って、何度もさり気なく助け舟を出してくださいました。

もちろん小泉首相も、その場に集まっていた経団連幹部のみなさんを楽しませるために、いろんな話題を提供してくださり、2人のトップリーダーの人間としての温かさを体験させていただきました。

また、2年前のダボス会議では、**安倍晋三**総理の英語スピーチを拝見する機会がありました。日本の総理大臣がダボスで英語のスピーチをするのは初めてのことでした。本番前にうっかりその会場に入ったところ、ちょうど安倍総理がスピーチのリハーサルをしている最中でした。

「一国の総理なのだから、スピーチといっても、その場で原稿を読むだけだろう」と思っていたのですが、かなり入念にリハーサルをしているご様子で、どんなことにも手を抜かず徹底的に準備されている姿が非常に印象的でした。

総理のスピーチのあと、会場にいた何人かの海外のトップリーダーたちに「日本の総理のスピーチはどうでしたか？」と感想を聞いてみたところ、誰もが「彼は覚悟が定まっていたね」「自信に溢れた話し方だったよ」と評していました。

各国の首脳が何名もスピーチを行うダボス会議のような場では、話の内容よりも、その話し振りが評価の対象となります。安倍総理が覚悟や自信を評されたのは、とても名誉なことです。

見えないところでの繊細で緻密な準備と大胆なパフォーマンス――これこそがトップリーダーに求められる姿なのだろうと思った瞬間でした。

成長するリーダーは、なぜ「傷つきやすい」のか？

繊細さというのは、時として「傷つきやすさ」にもつながります。おそらく、多くのリーダーは本来傷つきやすいのだと思います。

本書をお読みいただいている方にも、「私はリーダーなのにちょっとしたことで傷ついたり、悔やんだりしてしまう……」と気にしている人がいるとしたら、むしろそのことはポジティブに捉えるべきでしょう。

「社長トーク」では、過去の失敗について聞くことが多々あります。どのリーダーたちも、何かしらの大きな失敗・危機を味わい、それを乗り越えてきた経験を持っています。そして、誰もが過去の失敗を細部にわたって記憶に留め、そのときの痛みをいまも強く持っています。

収録中には「もう過ぎたことだし、いまでこそ笑って話せますがね……」と言いながら、ある種の笑い話として失敗談を話してくださいますが、収録が終わってリラックスした拍子に、思わずポロっとこんな言葉が飛び出すことがあります。

「収録中は言いませんでしたけど、じつはこんなひどいこともあってね……」
「あのときは『もう人生終わった』と思いましたよ……」
「信頼していた人にも裏切られて、本当に理不尽な思いをしました……」

失敗を忘れようとしたり、なかったことにしようとしたりする人は、いいリーダーになれません。傷つき、悔しい思いを持ち続けているからこそ、同じ失敗を2度とするまいと心に決められるのです。

好かれなくてもいい。だが、嫌われてはいけない

「リーダーは嫌われ役」を信じてはいけない

「リーダーには嫌われる覚悟が必要」「リーダーは孤独である」といったリーダー論を聞いたことがあると思います。

しかし、「せめて組織やチームのメンバーからは好かれたい」――そんなふうに思うのは自然なことですし、現実問題としてプロジェクトなどは、メンバーとリーダーの

あいだに信頼関係がなければ、まずうまくいきません。そして何よりも、ビジョンが共有されていなければ、そのプロジェクトは、魂の入らないただの形式的なものに終わってしまいます。

たしかに**大きな挑戦につながるプロジェクトを担うリーダーほど、残念ながら、みんなから好かれる存在にはなりにくい**ものです。

より長期的なメリットを念頭に置いた変革を起こそうとするリーダーは、たいていの場合、既得権益を手にしている人たちを敵に回すことになります。あの手この手で足を引っ張られ、誹謗中傷のなかで孤独感に苛《さいな》まれることもあるでしょう。

それほど大げさなことでなくても、組織・業界のなかで何か新しいチャレンジをしようとするときは、自分たちの地位が脅かされるのを恐れた他部署や他社から、妨害を受けることもあるかもしれません。

また、社長直轄の大胆なプロジェクトのリーダーとして任命されたものの、集められたメンバーたちにやる気がなかったり、もっとひどいときには、リーダーに反感を持っていたりということもあり得ます。

ビジョンなきリーダーの末路としての「ハコモノ」

大企業が立ち上げるプロジェクトや、税金を使って開催される予算消化型のイベントなどでは、そうした残念なことがときおり起きてしまいます。

とにかく言われたとおりに体裁だけ整えるのが当面の目標となってしまい、「お金と時間を使ってそのプロジェクトを遂行することに、どんな意味があるのか？」「誰をどのように幸せにするプロジェクトなのか？」ということが意識されないまま、淡々と予定が進められていく。こうして買い手不在の商品や集客もままならないイベントが生まれ、世の中に何ももたらさない、それどころか、公共の利益を損なうという結果に終わっています。

その最たるものが、行政における「ハコモノ」です。また、つくったけれど使われず、維持費だけがかさむという無駄遣いのプロジェクトは、建築物のように目に見えるもの以外にも無数にあるでしょう。

これは、国や自治体や関連企業が悪いという以前に、プロジェクトに関わるすべてのリーダーが、ビジョンを持っていなかったことに大きな問題があるのです。

人口が増え、経済が拡大していたころの日本であれば、こうしたビジョンなきリーダーが跋扈《ばっこ》していようと、なんとか経済は回ってきました。しかし、人口減少が進むいまの日本では、かつての拡大型経済の方法は機能しません。ビジョン型リーダーシップを発揮した取り組みに変えなければ、プロジェクトそのものを実施する財源すら出せなくなりつつあるのが現実です。

敵をつくらない人が、結局いつも成し遂げる

では、かつての日本の高度経済成長期は、ビジョンなきリーダーばかりだったかといえば、そうではありません。成長の真っただ中にあった日本にも、ビジョンあるリーダーはたしかに存在していました。

少し意外な印象を受ける方もいらっしゃるかもしれませんが、日本の高度経済成長の象徴的存在とも言える総理大臣・**田中角榮**氏は、ある意味、ビジョナリーな存在でした。「日本列島改造論」というビジョンで、日本国民をワクワクさせたリーダーです。

田中元総理のリーダーとしての考え方をよく表した言葉を、ある人から教えていただきました。それは「**広大な中間地帯をつくれ**」という言葉です。

「政治家たるもの、自分を好いてくれる人と嫌う人、どちらか一方が増えすぎても、掲げたビジョンを実現することはできない。熱烈な支持者がいる政治家には、同じくらいたくさんの反対派が生まれるし、熱烈な支持者はいきなり苛烈な批判者に反転する可能性がある。だからこそ、**好きでも嫌いでもない『中間層』をどれだけつくるかが大切だ**」というのが、この言葉の意味です。

これは企業でリーダーを務める人にとっても、参考になる考え方だと思います。とくに大企業では、「社内のある集団からは好かれ、他の集団からは嫌われている」といった人がリーダーになると、それは派閥に発展し、組織風土の悪化にもつながります。

2015年のダボス会議での一幕ですが、夜のパーティの際に、**三井物産**の社長だった**飯島彰己**《まさみ》さんのまわりに、大勢の人だかりができていました。ちょうど、飯島さんの「社長退任」と「役員序列32人抜きの同社最年少社長の就任」が発表された日の直後だったのです。

「どうやって次期社長を決めたんですか？」――集まった人たちからそんな質問が出ると、「人望ですよ」と飯島さんが答えていらしたのが印象的でした。

また、日本を代表する経営者の1人である**三菱商事**の**小島順彦**《よりひこ》会長が、かつて同社社長に就任した際にも、前社長がメディア上で「彼（小島さん）を悪く言う人はいないから」とコメントされていたのを覚えています。

「世界中のあらゆる分野でリスクをとる大手商社のトップ」と聞くと、「カリスマ的で大胆なリスクテイカー」をイメージしてしまいがちですが、どうやら違うようです。さまざまな国のさまざまな分野に関わるプロが集まる多様な組織だからこそ、人望が厚い、つまり、敵をつくらない人がリーダーになる。

大きな仕事をするリーダーほど、じつは「嫌われない人」なのです。

「嫌われないリーダー」がやっている、たった1つのこと

私自身、7年にわたりダボス会議に関わるなかで、何度も小島会長とご一緒する機会を得ましたが、人に分け隔てなく処される小島会長の姿には、これまで大いに感銘を受けてきました。ヤング・グローバル・リーダー関連の記者会見にも同席くださったり、親子ほど年齢の離れた私たちにアドバイスをくださったりと、たくさんお力添えをいただいています。

そして何より、小島会長が三菱商事の話をされるご様子が、最も印象に残っています。ビジネスのことを語りながらも、そこからは、事業や社員に対する愛情が溢れ出ているからです。

飯島さんと小島さんという、2人の大手商社トップを通じて私が学んだのは、**本当に大きな仕事を成し遂げるリーダーは敵をつくらないようにしているし、それ以前に、まわりの人に対する愛情や感謝を忘れない**ということです。

私は、田中元総理にはお会いしたことがありませんが、元秘書官だったという方から当時のエピソードを伺ったところ、田中元総理もおそらく愛情に溢れた方だったのだろうと感じました。

総理大臣や商社のトップともなれば、トップリーダーになるまでの過程で、すでに数々の修羅場や苦労を経ているでしょうが、若くして起業した創業社長などは、組織の成長とともに、自身もリーダーとして成長していくケースが多いように思います。

たとえば、新卒採用支援事業などを展開する株式会社**パフ**（本社 東京都）の代表取締役社長・**釘崎清秀**さんも、そんなリーダーのお1人かもしれません。

一時期、同社の業績が伸び悩んでいたころ、あるコンサルタント会社に、社員全員と面談をしてもらったそうです。

「現場の率直な考えを知りたい」という釘崎さんの思いから実施した面談でしたが、なんと8割くらいの社員が「社長がわかっていない、話を聞いてくれない」と釘崎さんへの不満を口にしたという結果が届きました。

社員とのコミュニケーションを日ごろから意識し、現場ともわかり合えていると思っていたのに、批判の嵐に突然直面した釘崎さんは、ナイフで胸をえぐられたような気持ちになり、しばし立ち直れなかったといいます。

それでもなんとか気持ちを立て直し、その翌日から社員1人ずつと自ら面談することを決意しました。話している最中もずっと、「この社員も自分のことを嫌っているんだろうか……」と考えてしまい、不安は相当のものだったそうです。それでも、これを機会に改めて現場と真摯に向き合ったことで、同社の業績は回復していきました。

先輩経営者たちから「社員は社長の心の鏡だ」「社長が意識を変えるだけで、組織は変わる」というアドバイスをいただくことがよくあります。

それは、まさに真実。

どこかでメンバーを信じていなかったり、見下したりしていると、メンバーのほうも同じようにリーダーに不信感を持ったり軽蔑したりするようになります。

一方、現場を尊重するように意識を変えると、リーダーに対する態度も変わってくるのです。

本当のリーダーは孤独ではない

とはいえ、これもまた「言うは易し、行うは難し」です。

「期待したほどの実力を発揮してくれなかった……」「切羽詰まった状況なのに、のんびり仕事している……」などと、ついメンバーの「足りない部分」に目が行ってしまい、恨み節が口をついてしまいます。

しかし、組織やチームのメンバーは、簡単に取り替えられるものではありません。また、チームだからこそ実現できる仕事というのは数え切れないほどありますし、それぞれの人生があるなか、共に歩む仲間となったのは何かの巡り合わせです。

何度も何度もそう自分に言い聞かせながら、少しずつ、メンバー1人ひとりに感謝できるように自らを磨くこともまた、リーダーに必要な修練です。

こうしてリーダー自身が人間として成長していったときに、そのビジョンに本当に共感してくれる仲間が集まり、大きなことを成し遂げられるのでしょう。

すでに紹介した**ひらまつ**の**平松博利**社長がおっしゃった印象的な言葉があります。

ある日、平松さんのところにコンサルタント会社の人がやってきて、「社長は孤独ですよね。我々が助言しますよ」と言ったそうです。平松さんはそれに対して、こう答えました。

「僕は孤独じゃない。だって『この指とまれ』と言って一緒にやっている仲間が600人もいるんだよ。僕が孤独なわけがないでしょう？」

人間として成長したリーダーは、決して孤独ではないのです。

最高のチームづくりは「女性」がカギ

女性メンバーは「炭鉱のカナリア」である

リーダーの特徴である「繊細さ」といえば、女性らしさの代表のような気もしますが、ここで少し、閑話休題。

昨今の女性の社会参画推進に関連して、**女性のメンバー・女性のリーダー**というものについて、私が考えていることをお伝えしておきたいと思います。

組織・チームにおける女性メンバーというのは「炭鉱のカナリア」、つまり、**組織の空気の悪化をいち早く知らせてくれる存在**です。

かつて、炭鉱夫はカナリアを連れて炭鉱に入ったそうです。カナリアという鳥はつねに囀《さえず》っていますが、窒息ガスや毒ガスに気づくと急に鳴き止み、炭鉱内の環境変化を教えてくれる貴重な存在でした。

組織においても同じで、女性たちは職場で抱いた違和感などを、率直に言葉にすることが多いように思います。リーダーはこうした女性の声に耳を傾けることで、いち早くチーム内の不協和音に気づくことができます。

しかし、女性たちが声を上げやすい環境をつくるだけは不十分です。彼女たちの今後の成長を支える意味でも、問題を提示するだけでなく、解決策もセットで提案してもらうような環境づくりが必要です。

雑談レベルで職場の変化を感じ取ることは大切ですが、オフィシャルに意見を聞く以上、ただの愚痴で終わらせないように一線を引くようにしましょう。

不満を解決するためのアイデアも語ってもらうことで、「炭鉱のカナリア」から「炭鉱で共に働く仲間」へと女性たちにキャリアアップしてもらえるよう、リーダーは配慮すべきです。

女性リーダーが少ない、本当の理由

女性の活躍を推進しようとするなかで、企業の方々からよく聞こえてくるのは、「管理職になりたがらない女性が多い」「女性は給料よりも働きがいを重視する傾向がある」といった声です。

起業の世界でも、「女性起業家は会社を大きくできない」と言われることがあります。実際、数多くの起業家を輩出しているアメリカでも、自ら大企業をつくり上げた女性はほとんどいないと聞いています。

しかし、それは女性の能力の問題ではなく、まず女性が育ってきた環境に一因があると思われます。女性は、小さなころから大人に「大志を持て」などと言われる機会も少ないですし、就職してからも、リーダーとして活躍する同性の先輩が少ないため、リーダーシップを直接学ぶ機会にも恵まれているとは言えません。

人間の意識の大部分は環境によって規定されていきますから、それまで歩んできた環境のなかに、「リーダーになること」や「大きな組織をつくって社会にインパクトを与えること」を当たり前だと思わせてくれるような人がいなかったということが、かなり大きな要因になっているのではないでしょうか。

NHK連続テレビ小説「あさが来た」の主人公のモデルになった**大同生命**創業者の**広岡浅子**さんは商家で育ち、子どものころから経営者たちの薫陶を受ける環境にありました。そうした環境のなかで育ったり、女性リーダーが活躍する姿を目にしたりする女性が増えていけば、女性のなかからも大経営者やトップリーダーがもっと生まれてくるはずです。

いままさにリーダーを務めている方は、メンバーが女性であろうと男性であろうと、ビジョンを語り、責任を持つ喜びをどんどん現場に伝えていただきたいと思います。

すでに、若手経営者が率いる企業などでは、女性リーダーもたくさん生まれています。男女関係なくリーダーが務まる時代は、すでに目の前にまで来ているようです。

「後任リーダー」のことを考えていますか?

そうはいっても、いまの時代、まだまだ女性リーダーへの重圧は相当なものです。

私が初めて政府の委員会のメンバーになったのは、30代前半のことです。政府税制調査会の金融小委員会の委員という立場でした。委員会に出てみると、そこには大学教授や企業経営者、業界団体のトップなど、立派な方々ばかり。

「もし私が男性だったら、この席に座ることはまずなかっただろう……」と一瞬にして理解しました。当時の政府では、「審議会のメンバーの3割は女性にする」との閣議決定がなされていましたから、たまたま私にも委員の機会が与えられたのだと思います。

けれどもここで、「どうせ私は数合わせ。期待なんかされていない……」とは思わないように心がけました。本当に期待されていなかったとしても、それでは却って「期待するほどではない」というまわりの期待に応えてしまうことになります。

そこで私が考えたのは、「次にまた女性のメンバーが後任者として同じ席に座るときに、少しでも期待してもらえるような結果を、前任者として残そう」ということでした。まわりのメンバーの方たちとの実力の差は歴然としていましたから、委員会で立派な結果を残すことはできなかったかもしれませんが、「この会議はどういう方向を目指しているのか」「それに向けて自分が貢献できることは何か」を真剣に考えながら参加するようにしました。

性別に関係なく、リーダーというのは、新たなことにチャレンジする存在です。自分を超えるリーダーが生まれてくるように、自分たちのチームがさらなる高みを目指せるように、「後進のために何ができるか」という視点を持っておくことも大切です。

私たちがいまリーダーの立場にいることができるのも、先輩リーダーがつくってくれた土壌のおかげだということを、時には思い出したいものです。

なぜ「サウジの女性リーダー」は輝いているのか？

私が、女性も男性も関係なく優秀なリーダーになり得ると確信したのは、**サウジアラビア**を訪問したことがきっかけです。

サウジアラビアは、イスラム教の戒律が厳しい国で、親族以外の男女が同じ部屋で過ごすことは許されていません。結婚披露宴ですら、新郎と新婦が別々の部屋に分けられ、男性だけ、女性だけでお祝いをするくらいです。

こうした話を聞くと、ますます「サウジアラビアは女性が抑圧された国だ」という印象を抱くかもしれませんが、現実はかなり異なります。

これまで、サウジアラビアを4度訪問したなかで、最も衝撃を受けたのは、商工会議所を訪問したときのことです。

この国では商工会議所も男女別に存在します。私が訪問したのはもちろん「女性商工会議所」で、建物に一歩入ると、もうそこには女性しかいません。受付から会議所会頭まですべて女性で、登録しているメンバーも女性のみです。

訪問当時の首都リヤドの人口は130万人で、リヤドの女性商工会議所のメンバー数は1万人でしたから、けっこうな数の女性経営者がいることがわかります。女性経営者が財務相談をするための銀行も「女性支店」であり、支店長以下全員が女性です。

サウジの女性商工会議所メンバーたちと交流を深めるなかで見えてきたのは、**女性しかいない環境で仕事をしている女性には、「男性のサポートをする」という意識がそもそもなく、それぞれがそれぞれに適したポジションで責任を発揮できる**ということです。

「女性は男性のサポート」という刷り込みは、男性と女性が一緒に働いているからこそ生まれます。仕事の環境に女性しかいなければ、女性でもリーダーとしての役割をごく自然に担うことができるのです。

ですから、もっと女性に活躍してもらいたいのであれば、日本でも、まずは女性だけのチームをつくり、女性だけで考え、決めていくプロジェクトをつくってみるのもいいかもしれません。

しかし、それはチームをつくるだけでなく、通常のプロジェクトと同じ基準で結果責任を問い、成果を判断することが不可欠です。

意識を変えるためのこんな環境づくりも、リーダーの役割です。

「国・会社にお願いする」から「ないなら自分でつくる」へ

サウジアラビアでは、いくつかの女子大学も訪問し、女子学生たちに向けて日本の女性の活躍状況などをデータとともに話しました。

出産・子育て時期に女性の就業率が谷を描く、いわゆる「M字カーブ」のグラフを見せたところ、女子学生たちから「なぜ日本人女性は、出産・子育てで仕事を辞めなくてはいけないのですか？」という質問がありました。

保育所や就労時間などの事情を説明すると、さらに学生たちからは「どうして原因がはっきりしているのに、解決しようとしないのですか？」「保育所が足りないならば自分たちでつくればいいし、もっと就労時間の融通が効く職場をつくればいいのでは？」という意見が次々に出ました。

日本では、そうした環境改善を政府や雇用主に対して要望することが多いですが、彼女たちが疑問に思っていたのは、「政府や会社に期待するのではなく、なぜ課題を解決する事業を、自分たちで起こそうとしないのか？」ということでした。

「世の中にないならば、つくればいい」——これはまさに起業家の発想です。サウジアラビアのある女子大の学長は、「我が大学は、Job Seeker（就職先を探す人）を育てるのではなく、Job Maker（仕事を生み出す人）を育成することを目的にしています」と言い切っていらっしゃいました。

誰かに改善を求めるのではなく、自分たちで改善策を見つけ出し、実行する。それは女性に限らず、およそあらゆるリーダーに必要な精神です。

第5の発想転換

「チームの最前線」から「チームの最後尾」へ

「任せて見守る」チームマネジメント

「手をかける」から「目をかける」へ

ホウレンソウ禁止で「自ら動くチーム」をつくる

年140日の休業日と40日の有給休暇、実質「年間の半分が休み」という企業があります。上場もしており、黒字を上げ続けているその会社の名前は、**未来工業**株式会社（本社 岐阜県安八郡）。建築に関連する電気部材や設備資材を製造・販売している企業です。

同社のユニークな経営スタイルを生み出したのは、創業者の故・**山田昭男**さん。山田さんは、もともと家業を手伝いながら、劇団「未来座」を主宰し、劇団活動をしていたというユニークな経歴の持ち主です。

演劇だけでは食べていけず、劇団仲間と一緒に立ち上げたのが、この未来工業という会社でした。会社は立ち上げたものの、劇団の活動時間も大切ですから、同社では残業も禁止で、休日も十分に用意しました。

「社長トーク」に出演いただいた前社長の**瀧川克弘**さんも、山田さんがつくったユニークな仕組みを継承されていました。

たとえば、同社では**「ホウレンソウ」が禁止**されています。その理由について瀧川さんは、次のように説明してくださいました。

「報告・連絡・相談とは、いわば情報の伝達です。現場から情報を聞いた上司は、現場を見ないで判断をし、部下に指示を出すことがほとんどで、それに基づいて部下が行動することになります。一見うまく回転しているようですが、1つの問題は、部下は上司を選べなくて、上司は部下を選べるということ。

自分の生殺与奪権を握っている上司に対して、自分に都合の悪い『ホウレンソウ』などできるかということです」

さらに、ホウレンソウが禁止されている理由はもう1つあります。

「それは、指示待ち人間をつくってしまうということです。『ホウレンソウ』が日常のルーティンになると、部下は指示がないと動けなくなってしまう。いま、ミドル世代の判断力が劣っているとか、決断力がないということがよく問題とされていますが、『ホウレンソウ』の影響が大きいと私は考えています」

「常に考える　何故・ナゼ・なぜ」——未来工業の工場や事務所の各所には、こんな言葉が掲げられています。3回のなぜを繰り返すこの言葉が、同社の経営理念です。

未来工業では、法律で厳しく決められた規格の建設部材をつくっています。こうした製品の市場で、大手企業と渡り合っていこうとすると、価格競争ではまず太刀打ちできません。社員の誰もが知恵を絞り、工夫を施した製品を生み出し、シェアをとっていかなければならないのです。

だからこそ、自ら考えたり、動いたりすることを阻害しかねない「ホウレンソウ」は禁止なのです。しかし、ホウレンソウが禁止の職場で、各部門のリーダーは何をすればいいのでしょうか？

「部長は仕事をするなよ」の真意

さらに、瀧川さんは続けます。

「上司は仕事していないですよ。『部下には手をかけないで、目をかけろ』ということです。『部長は仕事をするなよ。いかに働きやすい環境をつくるかだけを考えよう』と言っている。だから、現場は部下のやる気一本です」

部下が働きやすい環境をつくり、あとは口を出さずにじっと見守る――これはかなりの我慢が必要です。

瀧川さんご自身も、社員から何か提案があっても、それについて批評・批判は決してしません。以前は細かなことについ口を出したくなったそうですが、自らを律して、任せて見守る忍耐力を身につけたのだそうです。

社長の仕事は、社員という孫悟空が自由に飛び回れるよう、お釈迦様の手をどんどん大きくしていくことであり、現場で細かな指示をすることではないといいます。

任せて見守ることの大切さを語るリーダーは本当に多いです。

とくに、起業家リーダーが会社をある規模以上に大きくできるかどうかは、ここにかかっています。

口を出し続けてしまうリーダーは、「お釈迦様の手を大きくする」こと、つまり、さらなる事業展開の検討に時間を使えません。社員と一緒に孫悟空になって飛んでいるわけですから、仲間も増えないし、会社も大きくならないという膠着《こうちゃく》状態に陥ってしまうのです。

大きな組織でリーダーを務める方々にも同じことが言えます。

「どこまで広く任せて見守ることができるか」が、「どこまで高いポジションのリーダーを務められるか」を決定づけているのです。

メンバーの現場力は「プライベート」で培われる

未来工業・前社長の瀧川さんも「自分は何もしないリーダーだ」と語っていましたが、やはりビジョンについては、社員のみなさんに繰り返しお伝えしていたようです。それは、より多くのお客様に便利に使っていただける商品を1つでも多く開発し、世に出していくこと。そして、商品の多様化を徹底し、少量多品種で価格を守りながら、よりスピーディにお客様のニーズに応えることです。

その結果、同社は、年間約400の新商品を生み出し、2万数千種類の商品を持っています。これらの新商品は、社員から提案されたアイデアによるものであり、リーダーのビジョンが浸透している証拠です。

しかし、こうした発想力やスピードを、いかにして社員たちに身につけてもらっているのかが気になるところです。

その1つとして、未来工業が徹底しているのが、前述の**年間140日の休日制度と残業禁止**です。プライベートな時間を社員それぞれが個性的に過ごすことで、多様な商品アイデアが自然と生まれてくる環境をつくっているのです。休みや余暇を使っての副業も許されています。

実際、同社には、余暇の時間を使って腕を磨いた写真や俳句のプロ、各種資格保有者などがいます。社員それぞれが、多様な知恵やスキルを持ち寄って交流することで、新たなアイデアが生まれてくるだけでなく、多くの仕事が外部発注しなくても社内で完結できるようになり、外注コストの節約にもつながっているのだとか。

ここまで社員に自由を与えてなぜうまくいくのだろうかと不思議になりますが、瀧川さんはこうおっしゃいます。

「人間は不思議なもので、しっかり休みと報酬をもらうと、『ここまでしてもらえるなら頑張ろう』と思うものなんです」

瀧川さんもまた、社員1人ひとりを信頼しているからこそ、十分な休暇を与えながらも、現場のことには口出しせず、任せて見守ることができているのでしょう。

同社のやり方は、にわかにはマネしがたい部分も多いですが、まずは小さなことからでもいいので、「任せて見守る」を実践してみると、瀧川さんのおっしゃることが実感できると思います。

マニュアルには「余白」があったほうがいい

メンバーが自ら動くチームをつくりたいならば、リーダーが取り組んでみるべきことがもう1つあります。

それは**「なぜ」を伝える**ということ。言い換えれば、「何のために行動するのか？」「その行動にはどんな意味があるのか？」を理解させるということです。ここがわかっているメンバーは、自分の仕事をより深く見つめ、自信を持って自ら動けるようになります。

東海道新幹線にN700系が登場した際に、**JR東海**（東海旅客鉄道株式会社／本社名古屋市）に取材させていただいたことがあります。

「どうして遅延なく新幹線を運行できているのか？」「事故を起こさない仕組みをどうやってつくっているのか？」を伺ったところ、詳細なマニュアルの存在に加えて、従業員1人ひとりに定刻運行や安全に対するこだわりがあることを教えていただきました。

駅長さんや運転手だけではなく、新幹線に関わるあらゆる人たちが、遅延や事故を起こさないように、その時々の予期せぬ出来事に、機動的に対応しているそうです。

ここに至るまでの1つのきっかけが、**マニュアルの見直し**でした。

過去から受け継いできた安全文化をマニュアル化し、それを徹底して伝えてきたものの、あまりにもマニュアルどおりの行動をとることに重きが置かれた結果、現場で臨機応変に対応できない従業員が出てきてしまったといいます。

マニュアルをつくる以前からいた従業員は、それぞれの作業の意味も含めて先輩から学ぶ機会がありました。しかし、マニュアルを中心に学んだ世代になると、それぞれの作業の背景、つまり「なぜその作業をするのか」が見えなくなってしまっていたのです。

そこでJR東海では**マニュアルをつくり変え、作業手順とともに「なぜそのような作業が必要なのか」の解説も記載するようにしました。**

これによって、それぞれのアクションの意味を理解できた社員たちは、マニュアルに書かれている前提条件が当てはまらない事態が起きた際にも、柔軟に対応できるようになっていったそうです。

ビジョン型の組織に切り替えるからといって、すでにあるマニュアルそのものを廃止する必要はありません。マニュアルに書かれた作業のなかに、その作業の意味やビジョンとのつながりをわかりやすく明記しておくことで、メンバーにますますビジョンが浸透し、機動力に溢れる現場をつくることができるのです。

なぜノルマがないのに、成長を続けられるのか？

マニュアルと同様、メンバーの自主性を阻害しかねないものに、**ノルマ**の存在があります。じつのところ、従業員が生き生きと働いている会社の多くにはノルマがありません。先ほどご紹介した未来工業も、ノルマがなくとも毎年400を超える新商品アイデアが社員から生まれています。

ただし**問題なのは、ノルマそのものではなく、そこから生じる「やらされ感」のほうです**。そして、やらされ感が蔓延する原因は、ノルマの内容ではなく、ノルマの「伝え方」にあるケースがほとんどです。

北海道お土産の超定番「マルセイバターサンド」をはじめとする銘菓を生み出してきた**六花亭製菓**株式会社（本社 北海道帯広市）でも、ノルマなしに、毎年新しいお菓子が生まれています。

「ノルマがないのに、なぜ毎年のように新商品が次々に生み出せるのでしょうか?」

——以前、取材で同社にお邪魔した際、社員の方に尋ねたところ、こんな答えが返ってきました。

「私たちは、お客様の『幸せの時間』をつくるためにお菓子をつくっているんです。ですから、幸せの時間をもっと増やすために、新しいお菓子をもっとたくさんつくりたいと思うのは自然なことなんですよ」

六花亭にも明確なビジョンがあり、社員たちがそれに共感しているからこそ、ビジョンを実現することが社員の働く喜びとなり、自律的に社員が努力するということが起きているのです。

車のコーティングサービスを行っている**KeePer技研**株式会社（本社 愛知県大府市）も出店数ノルマがあるわけでもないのに、毎年新たなお店が全国各地に生まれ、現在は全国に4000店舗以上をかまえています。

どうしてここまで店舗が増えていったのでしょうか? その大きな後押しとなった

のは、同社社長である**谷好通**《たによしみち》さんが15年以上続けているブログでした。車のコーティングへのこだわりなどを書き綴ったこのブログの内容に共感した人たちが、「私もKeePer技研のプロショップをやりたい！」と手をあげてくれたのです。しかも、従業員の離職率も2～3％ときわめて低いそうです。

谷さんが繰り返し書いたり、語ったりしてきたことの根底にあるのは、「お客様が喜んでくれることがすべて。すべてはそこから出てくる」ということ。社員やフランチャイズ店のオーナー・従業員も、そこに共感してくれているのだそうです。

それにしても、谷さんのメッセージは相当な数の人に届いているようです。「なぜブログでの語りがそこまで多くの人に浸透したのでしょうか？」と尋ねると、次のように答えてくださいました。

「『私が伝えていることは、そんなに複雑じゃない』ということが1つですね。そして、もう1つは、『いつも言っている、書いている』ということ。弊社は、インターネットが発達した世の中だからこそ成り立っている会社だと思いますよ。SNS上でもKeePer

の評判は非常にいいですし、知名度が広がるスピードも早くなっています。来店されるお客様もやはりインターネットを見てから来られます」

インターネット時代がビジョン型経営をさらに強化し、ビジョンを伝え続けることで、従業員だけでなく、取引先も自ずと増えていくということが起きているようです。

「損をしない」か見極め、「何もしない」に徹する

「利益」がなければ、ビジョンは実現しない

現場に任せて見守るビジョン型のリーダーシップというと、売上や利益には無頓着でいいのだと誤解されることがありますが、それは違います。

ビジョン実現と売上・利益は不可分の関係にあります。

利益がなければ、給料を払い続けることはできませんし、どんなにすばらしいビジョンであっても、給料なしで働きたいという人はなかなかいません。やはりビジネスである以上、利益をしっかりと確保していくことが欠かせないのです。

たとえば、リサイクルショップを展開する**買取王国**では、各店舗の品ぞろえや価格設定を、店長や従業員に任せています。

リサイクルショップの仕入れは、お客様からの買取に基づいているため、本部で計画をつくって指示を出したところで、お店がある地域のお客様がどんなものを売りにきてくれるかは、予想がつきません。

そこで、お店の運営に関わる大半の権限は、各店舗の店長や、特定の分野に詳しい従業員たちに委ねられています。取り扱いたい商品を決めて買取広告を出すのも、買い取った商品を値づけするのも現場です。店頭の陳列やＰＯＰの設置なども店舗ごとの判断で行います。

同社はこのやり方で上場まで果たしたわけですが、完全に現場放任主義かというとそういうわけではありません。

利益に関してだけは、POSシステムを導入し、数字を「見える化」しています。利益が出ないような価格設定をしていれば、直ちに本部から指導が入ります。

現場に任せるリーダーの仕事は、ある意味、利益管理・数字管理でもあるのです。**自分たちの商品・サービスに対して熱い思いを持つメンバーがいる組織・チームほど、冷静に数字を見据えていられるリーダーの存在が不可欠です。**人に対するウォームハートと数字に対するクールヘッドの組み合わせが、成功するリーダーの鍵でもあるのです。

「人材配置とハンコだけ」がトップリーダーの理想形

ラベルライター「テプラ」やデジタルメモ「ポメラ」など、デジタル文具と呼ばれるユニークなヒット商品を次々と発表してきた株式会社**キングジム**（本社 東京都）の代表取締役社長・**宮本彰**さんは、「ファーストペンギンでありたい」と語っています。

ペンギンは群れで行動しますが、最初に海に飛び込む勇気があるペンギンのことを「ファーストペンギン」というのだそうです。つまり、「ファーストペンギンでありたい」とは、これまで世の中にないものを真っ先につくる会社であり続けたいというメッセージなのです。

これを実現するため、キングジムでは**現場から上がってきた商品企画のほとんどが取締役会を通過する体制**になっています。「役員のうち1人でも賛成すれば商品化していい」というルールであり、現場の意思決定に対しリーダーや経営者は極力介入しないことになっています。

同社がこういう仕組みをとっている背景には、宮本さんご自身の若いころの経験があります。

宮本さんの祖父でキングジムの創業者でもある宮本英太郎さんは、もともと材木商でした。英太郎さんが名簿や印鑑簿を束ねるファイルを開発して文房具メーカーを創業し、日本有数のファイルメーカーになったという歴史を持っています。宮本さんもそのDNAを間違いなく受け継いでいたのでしょう。

宮本さんが30代で、専務だった当時、パソコンが普及し、世間では「これからは紙の使用量が減るのではないか」と言われはじめていました。「紙が減れば、ファイルも売れなくなるかもしれない」という危機感から、宮本さんはデジタル文具の開発に着手しました。

とはいえ、いきなりファイルと無関係のものを開発するのでは、リスクが高すぎます。これまでの事業との連続性を維持しながら、ファイルとデジタルの世界をつなぐ方法を考えて生まれたのが、ラベルライターの「テプラ」でした。それまで手書きだったファイルの背表紙を、印字ラベルで美しくするという発想です。

しかし当時、ファイルの販売が好調だったこともあり、テプラの開発に対しては、社内の幹部たちからかなり反対があったそうです。それにもかかわらず開発を続けられたのは、当時の社長（宮本さんのお父様）の合意があったからでした。

宮本さんが「テプラが失敗した場合は、経常利益の半分を失うことになる」と社長に報告したところ、「まだファイルの売上は安定している。経常利益を半分失ったくらいで、会社が傾くことはない」と後押ししてくださったそうです。

その後、社内の若手を中心に集め、社内を説得してまわりながら新商品の開発を実現した宮本さんは、テプラを爆発的なヒット商品へと育て、キングジムの第2の柱を築き上げたのでした。

こうした経験を持つ宮本さんのリーダー論は明快です。

「優秀な若手社員もたくさんいますから、なるべく任せるように心がけています。社長ってみんな偉そうにしているけれど、よほどのスーパーマンでない限り、それぞれ専門でやっている人のほうが知識も豊富ですから、現場のほうが正しい判断を下す確率は高いと私は思っています。

社長の仕事でいちばん大事なのは組閣人事ですよ。みんなの信頼を得られる本当に優秀な人を大臣級にきっちりと配置していれば、その大臣級の判断がいちばん正しいはずなんです。社長はそうなるように人を配置しないといけない。

だから、**『社長はハンコさえ押していればいい』ぐらいの会社が、本来あるべき姿な**のかなと思います。すごく小さい会社だと、社長がみんなを引っ張っていかないといけないかもしれませんけど、上場企業ぐらいの規模になったら、あまり社長が率先して動いてはいけないのではないかと思います」

テプラのような成功体験があると、社長になってからも開発担当に口を出したくなるのが普通でしょう。

しかし宮本さんは、ご自身の体験を一段上から俯瞰《ふかん》し、「成功できたのは当時の社長が自分に任せてくれたからだ」ということを忘れていません。自分の成功を「開発は現場に任せるべき」という教訓へと昇華させ、「役員1人が賛成すれば商品化してい い」というルールを生み出したのです。

「目に見えないリターン」も見通せているか？

しかし、このルールの下で商品を開発しても、つくったものがすべて当たるわけではありません。

宮本さんは「10個のうち9個ぐらいは失敗商品になる。当たった1個で、9個の失敗の損を取り戻して、お釣りが出るくらいでいい」という考え方を持っています。だからこそ宮本さんは、マーケティング調査というものについて懐疑的です。

「新商品は出してみないとわからない。私はマーケティング調査がいちばん嫌いです。マーケティング調査はお金と時間がかかるし、すごく無駄が多いんです。そんなことをやるより、まず商品を出してしまって3カ月もすれば、売れる売れないというのはわかりますよ」

宮本さんがこの「とりあえず出す」という発想を大切にしているのは、何が売れるかわからないからだけではありません。失敗によって、社員たちの学びの機会も得られるからです。

売れなかった商品については、「なぜ売れなかったのか」を話し合い、お客様の意見をみんなで分析しながら、「こうすれば売れたかもしれない」と仮説を立て直したりしているそうです。

「売れなかったらやめてしまえばいいわけです。当然やめれば損が出ますが、そこから『なぜ売れなかったか』ということを学べます。そういう経験を積み重ねていくと、ヒット商品につながっていくはずなのです。マーケティング調査をして、出す商品を絞ってしまうと、何も勉強になりません。

商品が売れなかったとしても、市場からなくなってしまえばお客様の記憶には残りませんから、恥ずかしくも何ともありません。失敗は社内での勉強材料として使う。これがいちばんいいパターンだと私は思います」

売れた商品からは経済的リターンを得て、売れなかった商品からは、次なる開発への知恵というリターンを得る。キングジムでは「社員の努力や発想を無駄にしない」という精神が徹底されているのです。

危機にあってもメンバーを信じきる

まだ読者の方の記憶にも新しいと思いますが、**トヨタ自動車**の女性役員だったジュリー・ハンプ氏が、麻薬取締法違反容疑で逮捕されるという事件がありました。

このとき、同社社長の**豊田章男**さんは記者会見でこんな主旨のことを語っています。

「社員は自分の家族であり、私は役員を含めてトヨタグループ関係者全体の親だと思っている。だからまずは子どもを信じるし、子どもが悪いことをしていれば私が謝る」

この会見の内容は物議を醸しました。欧米型のコンプライアンスを重視している人からは、「経営者があんな発言をするなんて考えられない」などと批判が集中したのです。

とはいえ、豊田社長の「どこまでもトヨタ社員を信じる」という発言は、ビジョン型リーダーシップの原点とも言える「任せて見守る」姿勢が徹底的に貫かれているという意味で重要です。

株主や消費者に与える印象もたしかに重要なのですが、豊田社長の発言を聞いたトヨタ社員の多くは、何を思ったでしょうか？

会社の仲間が窮地に陥ったときに、決して突き放さず信じきろうとする姿を見て、豊田社長の愛情を感じると同時に、「このリーダーを裏切るわけにはいかない」と思った人も少なくないはずです。

不祥事を容認する気はありませんが、リーダーとして仲間を信じ続けられるのは、日々のメンバーとの信頼関係があってこそです。

「自分はリーダーとして、同じことが言いきれるだろうか？」と自問することが、1つの試金石になるかもしれません。

第6の発想転換

「きれいごと〈も〉」から「きれいごと〈で〉」へ

リーダーに求められる「社会貢献」の視点

「会社のために」から「社会のために」へ

若いメンバーは、何に「飢えている」のか?

「最近の若い者は……」という言葉は、古代から言われていたという話をどこかで聞いたことがありますが、それほどに、世代間の価値観の違いというのは古くからあるもののようです。

そして、数年前からよく言われるようになったのが「草食系男子」――「若い男性が草食化してしまった」「最近の若者にはハングリー精神が足りない」などと嘆く先輩方がたくさんいます。

たしかに、いまの新入社員や大学生には、かつての若者たちのような「上司から指示されたことを全力で頑張り抜く」といった姿勢は見られません。「問答無用で働く」ことはなく、「なぜ働くのか」を問うてきます。

こうした現象を見て、私はある仮説を持ちました。それは「**いつの時代も、若者は〝ハングリー〟なのではないか**」ということです。

2013年のTEDxTokyoが開かれた際、私はこのテーマについて「**ハングリー精神の新しい定義**」という題名で語りました。YouTubeでトークが公開されたこともあり、海外からもたくさんの感想やコメントをいただきました。とくに若い世代からは国籍を問わず、「そのとおり！」という声がたくさん届き、自分の仮説に対してささやかな自信をいただきました。

いつの時代も、若者はすべての世代のなかで最も繊細で純粋な精神を持っています。ですから、**いまの世の中にいちばん足りていないものに、誰よりも敏感に気づき、最初に声を上げるは、いつも若者**です。

第2次世界大戦直後の若者たちが生きた日本には、モノやお金が足りていませんでした。モノやお金にハングリーとなった若者たちは、「物質的な豊かさ」のために、一生懸命働きました。そうした先輩方の努力のおかげで、日本はモノやお金には困らない豊かな国になれたのです。

一方、いまの社会に足りないものは「人と人のつながり」「助け合い」です。若者たちは、目に見えるモノやお金ではなく、人と人とのつながりといった**「精神的な豊かさ」に対してハングリーになっている**のです。

ですから、彼らからハングリー精神が失われたわけではなく、ハングリー精神が発揮される対象が変わったにすぎません。かつての若者たちが「物質的な豊かさ」を求めたのと同じくらいの渇望感を持って、「精神的な豊かさ」を求めているのです。

仕事の「成果」についても同じです。

「ノルマを達成すれば給料が上がる」と言われても、いまの若者たちは頑張れません。「なぜそのノルマを達成する必要があるのか？」「そのノルマ達成は、どんな他者への幸せにつながっているのか？」——それを納得しなければ、積極的に動けないのです。

これからのリーダーが語るべき「成果」とは、売上・利益や昇進・昇給ではなく、仕事の先にある「社会への貢献」です。つまり、仕事というものが、上司から与えられるものではなく、他者に貢献するためのものへ、「会社のためにやらされること」から「社会に対して関わること」へと変わってきたとも言えるでしょう。

こうした働き方を含めた価値観の大きな変化は、日本だけではなく、世界中で起こりつつあります。

「新しいハングリー精神」をビジョンに組み込む

私は、1989年に社会人になった典型的なバブル世代ですが、いまの若手は「ミレニアム世代」と呼ばれているそうです。

ミレニアム世代とは、2000年以降に20歳を迎える世代、つまり1980年以降に生まれた人たちを指しており、それ以前とそれ以降の世代では、大きく価値観が異なるとされています。

ミレニアム世代は、子どものころからITに触れ、ほとんどがツイッターやフェイスブックなどのSNSを使いこなします。グループやサークルなど特定のコミュニティへの帰属意識が強いため、みんなで一緒に何かを考えたり、取り組んだりすることを好み、社会貢献やボランティアにも前向きです。加えて、自由であること、情報の透明性、食の安全性、環境問題などにも関心が高いと言われています。

私の友人でもあるアメリカ人起業家が、こんなことを言っていました。

「いまの若い人たちは、給料が高い会社を必ずしも好むわけではない。社会のためになるかどうかを第一に考えるんだ。だから、若者たちにビジネスを紹介する際にも、『この仕事は社会に対してどんな意味を持ち、どんな貢献ができるのか』をきちんと説明しなくてはいけない。彼らはその説明に納得すると、本当によく働いてくれるんだ」

日本人起業家のあいだでも、「求人を出すときには、金銭的な報酬だけを提示するのではなく、社会的意義をしっかりと示したほうが、優秀な人材が応募してきてくれるようになった」という話を聞いたことがあります。

明らかに、働くことに対する価値観が変わってきているようです。ビジョン型リーダーは、この価値観のシフトを確実に押さえておくべきです。実際、**「会社のために頑張ろう」ではなく、「社会のために頑張ろう」というアプローチ**で、成長している企業がたくさんあります。

18歳で起業し、上場を成し遂げた株式会社**じげん**（本社 東京都）の代表取締役・**平**《ひら》**尾丈**《おじょう》さんは、起業した理由をこんなふうに話してくれました。

「火事だと言われて、火を消す人と、見ている人と、逃げる人がいますよね。私はやっぱり火を消す人がかっこいいと思っています。そういう人間になりたいと思って起業しました」

求人・住まい・結婚などの情報プラットフォームを展開しているじげんですが、多くの人の役に立ちたいという思いが、競争の激しいインターネット・サービス事業を成功に導き、上場を成し遂げました。

「社長トーク」にお越しいただいたときに31歳だった平尾さんだけでなく、同社に入社してくる若者たちにも、大震災などの惨状を見たらすぐに「何かできないか？」と考えるような人が多いそうです。

「もちろん情熱はあるのですが、それだけでなく『社会のためになっている』という感覚、お客様からのポジティブ・フィードバックがあってこそ、この仕事を継続できているのかなという思いはあります。全部が全部かっこいい社会貢献欲求だとは言いませんけれど、やっぱり『ありがとう』と言われたらうれしいですし、お客様の笑顔をもっと見たくて続けているという面が強いですね」

「社長トーク」に出演してくださる30代の起業家たちの多くが、平尾さんと同じような思いを持ち、それに共感する若者たちとともに事業拡大を実現しています。「お金はあとからついてくる」という〝きれいごと〟とも言われかねない言葉をさらりと発し、自然体でそれを実現していく姿に、次世代リーダーの姿を見たような気がします。

さて、「ハングリー精神の新たな意味」を体現する起業家リーダーたちが上場を果たす時代、**いかにしてメンバーから「やらされ感」を払拭し、「関わった感」を醸成するか**を次に考えていくことにしましょう。

貢献が「見える化」されると、人は自ら動きはじめる

新たなハングリー精神に応えるリーダーに触発されて動き出すのは、若い世代だけではありません。

「日本で最初に婚活のIT化を実現した会社」として有名な株式会社**IBJ**（本社 東京都）は、かつての「近所の仲人《なこうど》おばさん」にITツールを提供し、大成功した会社です。

仲人おばさんといえば、顔が広くて、たくさんの人とのネットワークを持ち、結婚適齢期のご子息・お嬢様がいるところに出入りしては、お見合いの斡旋《あっせん》をする存在です。

そこに目をつけてＩＢＪを創業した代表取締役社長の**石坂茂**さんは、仲人さんたちがさらにネットワークを広げられるよう、「結婚したい人たちのデータベース」を提供しました。全国の仲人さんの知恵を借り、使いやすさにこだわったツールを開発したことで、「仲人おばさん」の仲介による婚約率が一気に高まりました。

もちろん、データベースという道具だけでは不十分です。ＩＢＪでは、地域ごとに仲人さんが集まる会を定期開催したり、仲人さんにさまざまなアドバイスをするコーディネータを派遣したりと、さまざまなサポートをしています。

兎にも角にも、仲人さんの成功の鍵は、コミュニケーションです。ＩＢＪでは、先輩仲人さんの知恵をもとに、コミュニケーション力の磨き方のテキストをつくるなど、これから結婚カウンセラーを目指そうとする人たちの養成もしています。

そこに興味を持って集まるのは、若者だけではなく、年配の方も多いとのこと。年齢を問わず、働くことの最大の喜びは、人の役に立つこと、人に喜んでもらうことです。これまで地域で仲人役をしてきた、人のお世話をするのが大好きな年配の方々に、さらに生き生きと働くチャンスをＩＢＪは提供しているのです。

分業のしっかりした大きな組織に入ってしまうと、こうした喜びを実感する機会が少なくなりがちです。**メンバーが感じるべき喜びを、いかに見える化・実感化するかも、リーダーが考えるべきこと**なのです。

「チームを巻き込む」から「顧客も巻き込む」へ

「きれいごと」が顧客に届くと、社会が変わる

ビジョンは、共に働くメンバーたちの意欲を支え、意識を変えていくものでありますが、じつは**メンバーだけではなく、お客様や取引先の意識や行動すらも変えていく**ことがあります。

衣料品・雑貨・美容関連商品・食品などの自社開発も手がける大手通信販売会社の株式会社**フェリシモ**（本社 神戸市）は、色柄・デザイン違いの商品が毎月届く「定期便」など、ユニークなサービスを提供していることで有名ですが、**社会貢献に力を入れる企業**としても知られています。

フェリシモは、「しあわせ社会学の確立と実践」という企業理念を持ち、事業性・社会性・独創性の3つが交わるところで事業をすることを目指してきました。上場した際にも「これまでとは違う、まったく新しい価値観の会社」と評されたほどです。

1つのエピソードをご紹介しましょう。
同社にはたくさんの主婦のお客様がおり、彼女たちからの声が数多く届きます。そこでフェリシモが気づいたのが、環境問題をはじめとした社会課題に対して、主婦の方たちがきわめて高い関心を持っているという事実でした。
「子どもたちが生きる未来をよりよくするため、自分たちにも何かできないだろうか」という母としての思いを強く持ちながらも、貢献のための手立てがなく、何もできずにいたという人がほとんどだったといいます。

そこではじめたのが、「インドの森の再生プロジェクト」への寄付金募集でした。お客様から月々100円の寄付金を募り、インドの森の再生に取り組んだのです。1人のお客様が拠出するお金は月100円であっても、みんなのお金を集めれば数億円になります。

こうした取り組みが17年続き、再生された森に野生の象が戻ってくるという快挙を成し遂げました。

「取引先」にさえもビジョンは浸透する

そうした体験が、さらに驚くべき行動をお客様に起こさせました。

阪神淡路大震災のときのこと、神戸への本社移転を発表したばかりのフェリシモに、お客様から次々とお金が集まったのです。通販の代金は3000円なのに5000円、1万円というように、買い物金額以上のお金が振り込まれました。

「被災地の方々のために何かしたいが、何をすればいいかわからない。でも、フェリシモなら、何かいいことをしてくれるはず。そのためにこのお金を使ってほしい」――そんなお客様からの願いが込められたお金でした。

それ以来、世界で災害があるたびに、被災地に寄付を届けるプロジェクトがお客様から求められるようになりました。フェリシモが主導したというよりも、お客様がフェリシモを突き動かしたのです。

さらに、障がい者の方がデザインした雑貨を販売したり、途上国の人たちとバッグなどを生産して現地に雇用を生んだりと、寄付以外の取り組みも積極的に行っています。ただ素敵な商品をそろえるだけでなく、「子どもたちの未来のために何かをしたい」「社会の役に立ちたい」というお客様の気持ちに応える商品ラインナップを増やしていったのです。

こうした取り組みを続けていくうち、ついには同社の商品を納入していた取引先企業にも、変化が起こりました。

なんと、取引先企業でも、社会的意義のある商品を開発するための勉強会が独自にはじまり、フェリシモに新商品の提案をしてくるまでになったのです。

ビジョンとそれに基づく取り組みがお客様と取引先へと広がり、それがまた、「この会社なら、きっとまた社会に貢献をしてくれるはずだ」というさらなる期待につながる――そんな好循環がフェリシモからは生まれています。

「ビジネスと貢献」から「ビジネスで貢献」へ

「社会問題の解決」が世界のリーダーの常識に

少し前まで、CSR（企業の社会的責任――Corporate Social Responsibility）が積極的に推進されるなかで、利益の一部を社会貢献に回すことが企業に求められるようになっていました。

日本企業にもCSR部門ができ、メセナと呼ばれた芸術などへの従来型の寄付行為から、温暖化対策としての植樹といった慈善行為にまで幅が広がっていったのです。

しかし、この流れのなかで進められた社会貢献は、「利益が出れば寄付をするが、利益が出なければ寄付額を削減する」ということになりがちで、持続可能性のあるものだとは言えませんでした。

そんな企業の動きと並行して登場してきたのが、**社会起業家**（Social Entrepreneur）という存在です。

この言葉が積極的に使われるようになったのはイギリスです。財政難に苦しむイギリスの**トニー・ブレア**首相が、官が行っていた社会福祉活動を民のノウハウを使って効率化する新しい取り組みを提言し、若者がトップを務めていたシンクタンク「DEMOS」などが中心となって研究が進められました。

その後、サブプライムローン問題が起き、ウォール街に不穏な空気が流れはじめた2007年あたりから、資本主義のあり方を問うリーダーが国内外で増えてきました。

リーマンショックが起こる直前の2008年1月のダボス会議では、フィランソロピスト（慈善家）としての活動をはじめていた**ビル・ゲイツ**さんが、「社会における会社の役割」というスピーチのなかで「クリエイティブ・キャピタリズム（創造的資本主義）」という新しい言葉を提唱し、大きな反響を呼びました。

「世界には、貧しい人々がたくさんいますが、現状のマーケットメカニズムでは、その人たちに便益を提供することができていません。いまこそ企業は『マーケットメカニズムを使って格差を縮小する活動』をしていくべきです」

ゲイツさんがグローバル企業のリーダーたちにこう呼びかけたその年に、世界はリーマンショックという大きな金融危機に直面しました。「自社の利益だけを求め続ける経営はうまくいかない」という風潮がますます加速し、企業も個人も社会の問題解決のために働くことを理想とする大きな流れが生まれたのです。

もはや世界では、「ビジネスの傍らで貢献活動もする」のではなく、「ビジネスそのものを通じて社会貢献する」のが、企業の理想的な姿だとされています。

グローバルに事業を展開する企業が、両者を別物だと考えていては「時代遅れ」と言われかねません。

ダボス会議に参加する企業のリーダーたちも、自社利益につながるアピールではなく、自社が世界の課題に対してどう貢献できるかを話すようになりました。ささやかな経験しか持っていない20代や30代の若手リーダーたちはもちろん、国家リーダーも社会貢献の視点を踏まえて語ります。

「自分たちの国をどう改革して、どう成長させていくか」という話が許されるのは途上国や新興国のリーダーまでであり、先進国のリーダーは必ず、「わが国はどのように世界に貢献できるか」を語ります。

世界のトップリーダーが集まるダボス会議での2000年代後半からの変化が、いま世界のあらゆるリーダーの「常識」となりつつあるのです。

リーダーの「きれいごと」がイノベーションを生み出した

リーダーシップと社会貢献をめぐる考察の締め括りとして、バングラデシュで「マイクロクレジット（無担保での少額資金貸し出し）」を取り入れたグラミン銀行を創設し、ノーベル平和賞を受賞した**ムハマド・ユヌス**さんからお聞きした話をご紹介したいと思います。

ユヌスさんも、ダボス会議にいつも招待されている方のお1人で、世界中のビジネスリーダーに影響を与えています。数年前に来日された際、私と関わりがある経営者のみなさんのために、ユヌスさんとの対話の場をいくつかセットさせていただきました。

そのときに、ユヌスさんが話してくださったのが、世界的な乳製品メーカーである**ダノン**とのジョイントベンチャーの話でした。

2005年に、ダノングループ会長である**フランク・リブー**さんと出会ったユヌスさんは、ダノンと共同でバングラデシュにヨーグルト工場をつくり、ヨーグルトの販売をスタートさせました。この物語は世界中で報道されたほか、ユヌスさんの著書『貧困のない世界を創る』(早川書房)にも詳しく書かれています。

ダノンのような世界的大企業が、バングラデシュに工場をつくり、貧困層にヨーグルトを販売するというのは、それまでの定説に反する意思決定でした。各地域の経済的成熟度などを基準に、効率的に稼げる市場を求め進出先を決めていくのが、従来のグローバル企業の基本的なあり方だったからです。

しかし、ダノンのリブー会長は、1年近くにおよぶ事前調査を自社の経費で行い、グラミン・ダノンを立ち上げるという英断を下しました。

「**栄養不足に悩む子どもたちのための小さなヨーグルトを、現地の女性が働く工場でつくりたい**」という願いからはじまったこのプロジェクトは、もちろん多く人から共感を得ていました。

一方、ダノンには、商品の技術開発、工場の設計開発、利益が出るような価格設定など、前代未聞の厳しい条件があらゆる面で立ちはだかっていたそうです。これをすべて乗り越えるには、数々のイノベーションが欠かせませんでした。

しかし、バングラデシュの子どもたちのために、貧しい人々のためにと、ダノンの社員が一丸となって取り組んだ結果、すべての課題はクリアされ、グラミンレディが働くヨーグルト工場が見事に実現しました。そして、これをきっかけとして世界中に**「ソーシャルビジネス」**という言葉が広がることになったのです。

この事例が大きな影響力を持った理由はいくつかありますが、ここで最も重要なのは、**困難な状況を克服して生み出された効率的な商品開発・工場設計のノウハウが、のちにバングラデシュ「以外」の工場でも、大いに役立った**ということです。

グラミン・ダノンが起こしたイノベーションは、これまでの常識とは違う次元、つまり「バングラデシュの子どもたちを救いたい」というリーダーの高い志（ビジョン）から生まれ、それが社員たちのやる気をさらに高めながら、同時に、ダノン全体に利益をもたらす結果となりました。

日本には「損して得取れ」ということわざがありますが、志に導かれ、大きな利益を期待せずに進められた取り組みが、グラミン・ダノンに大きな利益をもたらしたということは、本書がここまで語ってきたリーダーシップの変化と決して無関係ではないと思います。

日々の業務のなかで、リーダーがメンバーにイノベーションや改善を求めるのはあたり前のことですが、すぐに大きな成果が出るものではありません。貢献という「回り道」から予期せぬ革新が生まれてくるのだということも、これからのリーダーは肝に銘じておくべきでしょう。

成長するリーダーの条件
——他者から素直に学ぶこと

ユヌスさんは来日した際、このエピソードを2度、それぞれ大企業のトップ向けの会と、ベンチャー経営者・ファミリー企業経営者向けの会とでお話しされました。

ユヌスさんの話を聞いた大企業の方々は、非常に感心してはいたものの、「同じことをやろうとしたら役員会の説得が大変だろうね」「日本だとなかなか難しいんじゃないか」といった後ろ向きのコメントをする方が多く、ここから何か自社の参考になるものを得ようとする貪欲さはほとんど見られませんでした。

一方で、ファミリー企業の若手経営者さんたちは、予定していた時間をオーバーするほどたくさんの質問をユヌスさんに投げかけ、熱心に知恵を得ようとしていたのが印象的でした。そして、後日、すぐにみんなで集まり、実際にソーシャルベンチャーを支援する財団を立ち上げたのです。

同じチャンスを得ても、それをどのように活かすかは千差万別です。リーダーは、つねに考える人であると同時に、その考えを行動に移す人でなければなりません。そして、掲げた目標は必ずやりきることです。ゴールまで走りきらないリーダーのもとには、誰も集まってきてくれません。

ビジョンこそが、ゴールまで走りきる力の源です。

ビジョンを掲げて走り続けていれば、一緒に走ってくれる仲間や、ゴールまで途切れず声援を送ってくれる人たちがきっと現れます。

最後に、私の大好きな言葉をお贈りします。

パーソナル・コンピュータの父と呼ばれるアラン・ケイ氏の言葉です。

「**未来を予測する最良の方法は、それを発明することだ**（The best way to predict the future is to invent it.）」

未来は決まっていません。リーダーが描くビジョンこそ、未来です。たった1人が掲げたビジョンでも、それが多くの人の共感を呼べば、大きな未来へとつながるのです。

おわりに――リーダー観察者ではなく、1人のリーダーとして

本書の企画が決まったのとほぼ時を同じくして、私は「スポーツ・文化・ワールド・フォーラム リーダー」という肩書きを文科省から与えられました。ダボス会議を主宰する世界経済フォーラムの支援を得て、文科省が2020年の「東京オリンピック／パラリンピック」を見据えたキックオフイベントを2016年10月に開催することになり、下村博文前文科大臣の下でお手伝いをしていた私が、イベント準備室のリーダーに任命されたのです。

民間人として文科省に入り、馳浩文科大臣や事務次官・審議官などを上司に仰ぎながら、メンバーと準備を進める立場は、まさに「中間管理職」。20代で起業して以来、ミドルマネジャーとしての苦労をしてこなかった私にとっては、まったく新たな経験です。

その意味で、本書の執筆は、これまでお会いしたリーダーたちの言葉や姿を思い出すだけでなく、リーダーとしての私自身の日々を省みる機会ともなりました。

しかし、プロジェクトがはじまり半年が経ったいま、私の心にあるのは、メンバーたちとともに働けることの幸せな感覚です。もちろん、日々の仕事に目を落とせば、大変なことや不自由なことはたくさんあるのですが、「日本にかつてない官民のプロジェクトを実現させ、2020年に向けての社会の機運をつくる」という大きな目標に向けて仲間とともに歩む日々は、心をワクワクさせてくれます。

本書が発売され、タイトルを目にした準備室メンバーたちから何を言われるかが、当面の懸念ではありますが、リーダーの仕事は、ビジョンをつくり、ビジョンを語り、その実現のために誰よりも考え、行動し続け、そして必ずビジョンを成し遂げることであることを、イベントの成功とともに証明していきたいと思っています。

最後に、本書執筆にあたりご尽力くださった皆様に感謝を申し上げたいと思います。

本書へのアイデアと出版の機会をくださったダイヤモンド社の藤田悠さんとライターの高橋晴美さん、週末や夜遅くのミーティングにおつきあいいただき、ギリギリのスケジュールのなか、気持ちよく出版へと導いていただきました。

文科省の仕事のほか、シンクタンク・ソフィアバンクの代表としてのさまざまな仕事など、複数のわらじを履きながら挑戦し続けることができるのは、ソフィアバンクのメンバーたちの真摯なサポートがあるからです。

そのソフィアバンクで、15年間にわたり、数多くのことを教えてくださった田坂広志さん。まだまだ、教えていただいたことの多くを、行動に移しきれていませんが、田坂さんからの学びが、本書の大きな土台となっています。

そして、年末年始に執筆が重なってしまったにもかかわらず、静かに見守り応援してくれた夫、ボンに感謝します。

最後に、いまも私たち家族の心のリーダーである亡き父と、70歳を過ぎても地域コミュニティでリーダーを務め続ける母に、感謝とともに本書を贈ります。いまもお2人の背中から学び続けています。

2016年1月15日

藤沢久美

［著者］
藤沢久美（ふじさわ・くみ）
シンクタンク・ソフィアバンク代表

大学卒業後、国内外の投資運用会社勤務を経て、1996年に日本初の投資信託評価会社を起業。同社を世界的格付け会社スタンダード＆プアーズに売却後、2000年にシンクタンク・ソフィアバンクの設立に参画。2013年、代表に就任。そのほか、静岡銀行、豊田通商などの企業の社外取締役、文部科学省参与、各種省庁審議会の委員などを務める。

2007年、ダボス会議（世界経済フォーラム主宰）「ヤング・グローバル・リーダー」、翌年には「グローバル・アジェンダ・カウンシル」メンバーに選出され、世界の首脳・経営者とも交流する機会を得ている。

テレビ番組「21世紀ビジネス塾」（NHK教育）キャスターを経験後、ネットラジオ「藤沢久美の社長Talk」パーソナリティとして、15年以上にわたり1000人を超えるトップリーダーに取材。大手からベンチャーまで、成長企業のリーダーたちに学ぶ「リーダー観察」をライフワークとしている。

著書に『なぜ、川崎モデルは成功したのか？』（実業之日本社）、『なぜ、御用聞きビジネスが伸びているのか』（ダイヤモンド社）など多数。


最高のリーダーは何もしない——内向型人間が最強のチームをつくる！

2016年2月4日　第1刷発行
2016年5月13日　第7刷発行

著　者——藤沢久美
発行所——ダイヤモンド社
〒150-8409　東京都渋谷区神宮前6-12-17
http://www.diamond.co.jp/
電話／03·5778·7234（編集）　03·5778·7240（販売）

ブックデザイン—黒岩二三（Fomalhaut）
編集協力——高橋晴美
製作進行——ダイヤモンド・グラフィック社
印刷————八光印刷（本文）・慶昌堂印刷（カバー）
製本————川島製本所
編集担当——藤田 悠

ISBN 978-4-478-06813-7